Jean-Philippe Blondel
Direkter Zugang zum Strand

JEAN-PHILIPPE BLONDEL

Direkter Zugang zum Strand

Roman

Aus dem Französischen von Monika Buchgeister

Piper München Berlin Zürich

Mehr über unsere Autoren und Bücher:
www.piper.de

Die Originalausgabe erschien 2003 unter dem Titel »Accès direct
à la plage« bei Editions Delphine Montalant, Queyrac.

ISBN 978-3-492-05699-1
2. Auflage 2015
© Editions Delphine Montalant 2003
© der deutschsprachigen Ausgabe:
Piper Verlag GmbH, München/Berlin 2015
Gesetzt aus der Adobe Caslon
Satz: psb, Berlin
Druck und Bindung: CPI Books GmbH, Leck
Printed in Germany

Für Véronique, Eva und Lola
Für Jean-Marc, Olivier und Valérie

**Capbreton
Landes
1972**

Philippe Avril

Jeden Morgen komme ich am »Mickey Mouse Club«
vorbei.

Im »Mickey Mouse Club« gibt es Schaukeln, Rut-
schen, sonnengebräunte Animateure im T-Shirt, und
außerdem gibt es ein Schwimmbecken dort.

Meine Mutter sagt, dass so etwas albern ist: ein
Schwimmbecken direkt am Meer.

Ich finde das aber gar nicht albern.

Dann höre ich die Stimmen. Sie kreischen, sie lachen,
sie haben Spaß dort drüben.

Manchmal sieht man auch jemanden.

Wenn sie ganz oben auf die Rutsche klettern, die ins
Schwimmbecken führt, ragen ihre Gestalten ein wenig
über die Absperrung.

Wenn ich einmal Kinder habe, werden sie alle im
»Mickey Mouse Club« angemeldet.

Ich hingegen sitze am Strand, zugekleistert mit einer
dicken Schicht Sonnencreme und mit einem Sonnenhut
auf dem Kopf. Meine Mutter liegt unter dem roten Sonnenschirm mit den weißen Fransen. Sie plaudert mit ihrer

Bekannten Natascha. Sie heißt vermutlich nicht wirklich Natascha, aber es ist offenbar schick, sich Natascha zu nennen – wie die Stewardess im Comic *Spirou*.

Mein Vater geht immer auf Abstand, wenn Natascha auftaucht. Es ist ganz klar, dass er Natascha nicht besonders leiden kann. Er sagt, dass sie viel zu aufgetakelt ist. Wenn er zu Hause in Wut gerät, schimpft er über sie mit Worten, die ich nie verwenden darf – außer natürlich mit meinen Freunden, wenn unsere Eltern nicht dabei sind.

Meine Mutter sagt: Möchtest du nicht mal ein wenig am Wasser spielen oder eine Sandburg bauen? Hast du denn keine Freunde? Spiel doch mal mit anderen Kindern und hock nicht die ganze Zeit hier bei uns herum.

Ich habe keine Ahnung, wie ich Freunde finden soll. Die einen gehören zu einem Ferienlager, die anderen wohnen hier, wieder andere sind mit ihrer Clique unterwegs, und dann gibt es noch ein paar wie mich, die in der Regel aber nicht lange bleiben. Was uns betrifft, so sind wir für zwei Wochen hier. Früher kamen wir für einen ganzen Monat, aber ein Monat ist jetzt viel zu lang und obendrein viel zu teuer, wenn man ein Haus bauen will. Früher haben wir ein Haus mit Kiefern drumherum gemietet, jetzt haben wir eine Wohnung. Mama behauptet, dass es besser so ist, weil weniger Hausarbeit anfällt.

Natascha hingegen mietet immer ein Haus für sich ganz allein. Aber das ist normal, weil sie keine Kinder hat und ihr Geld ausgeben kann, wofür sie will, sagt mein Vater. Nicht so wie Eltern, die wegen ihrer Gören knapp bei Kasse sind und nicht mehr tun können, worauf sie Lust haben. Sag so etwas nicht vor dem Jungen, Michel. Jetzt hab dich nicht so, er ist doch viel zu klein, er versteht nichts.

Vor mir sind die Wellen.

Ich hätte mir gewünscht, dass meine Mutter mit mir kommt, aber sie will nicht aufstehen. Meinen Vater brauche ich gar nicht erst zu fragen, er kann das Meer nicht ausstehen. Er kann auch den Strand nicht ausstehen. Wenn es nach ihm ginge, so würde er lieber in die Berge fahren, Pilze sammeln und Wanderungen machen. Aber offenbar tut das Jod mir gut, also fahren wir ans Meer. Also bleiben die anderen den ganzen Tag unterm Sonnenschirm, und ich spiele allein in den Wellen, oder ich warte.

Die Wellen sind toll.

Du kannst versuchen, über sie rüberzuspringen.

Du kannst versuchen, durch sie hindurchzutauchen.

Du kannst versuchen, mit ihnen mitzufahren.

Du kannst einer Muschel oder einer Alge folgen, die an- und wieder fortgeschwemmt wird.

Mit ein bisschen Übung kannst du dich so zwei bis drei Stunden lang beschäftigen, und dann ist es auch schon Zeit, nach Hause zu gehen.

Auf dem Rückweg kommen wir beim »Mickey Mouse Club« vorbei, immer noch höre ich das Lachen und die Rufe der Animateure: »Jaaa! Super! Weiter so! Du machst das echt gut!« Wir begegnen auch den Kindern des Ferienlagers, die auf ihrem Weg laut singen: »… ein Hut, ein Stock, ein Regenschirm, und vorwärts, rückwärts, seitwärts ran, und eins …« Wir kommen am Casino vorbei, wo Natascha immer einen Blick hineinwirft, um zu sehen, ob Bekannte drinnen sind. Schließlich führt der Weg am »Boudigot« vorbei, dem Restaurant, in das wir nie gehen, und dahinter liegt schon die Wohnanlage »Résidence des Pins«, in der wir unsere Wohnung haben.

Manchmal bleibe ich noch draußen auf der Schaukel.

An diesem Abend saß ein Junge in meinem Alter auf der Schaukel. Also setzte ich mich auf die Bank und las *Spirou*.

Ich weiß, dass er gleichaltrig war, weil wir später noch miteinander geredet haben. Er kam zu mir und sagte zuerst etwas. Er fragte mich, ob ich noch andere *Spirou*-Bände habe. Ich sagte, dass sie in der Wohnung seien und ging sie sogar holen. Wir haben noch ein wenig draußen gelesen, und dann haben wir geredet. Er war für einen Monat hierhergekommen. Er war mit seinen Großeltern unterwegs. Sie wohnten in der Wohnung unter uns. Er wusste, wer ich war. Ich war der Sohn von dem Typen, der die ganze Zeit mit schrecklichen Schimpfworten über eine Frau, die Natascha hieß, herzog. Ich wurde puterrot.

Ich sagte ihm, dass ich ihn noch nie am Strand gesehen hätte. Er antwortete, dass das nicht verwunderlich sei, da er im »Mickey Mouse Club« sei.

Plötzlich schlug mir das Herz bis zum Halse.
Ein Mitglied des »Mickey Mouse Clubs«.
Ein leibhaftiges.
Ein echtes.
Ich wollte ihm zehntausend Fragen über den »Mickey Mouse Club« stellen; wie es da drinnen aussah und was sie dort machten, denn vom Strand aus konnte man ja nichts erspähen; ob das Schwimmbecken groß war; wie viel Grad das Wasser hatte; welche Spiele sie spielten – aber ich brachte lediglich ein gestottertes »Ach, toll!« hervor.
Und was erwiderte er darauf: »Phhh!«
Einfach nur Phhh!
Im ersten Stock öffnete eine Frau das Fenster, und wir konnten den Song *Pop Corn*, der gerade im Radio lief, hören.
Ich fragte, was das heißen sollte, phhh!
Er zuckte die Schultern.
»Ich bin den ganzen Tag dort. Meine Großeltern liefern mich um neun Uhr morgens ab und kommen um fünf Uhr nachmittags wieder vorbei, um mich abzuholen. Ich war noch kein Mal am Strand. Ich war noch kein Mal im Meer.«
»Was ist mit deinen Eltern?«
»Meine Eltern, die sind in Paris.«

»Ach so! Sie arbeiten also?«

»Nein.«

»Aha!«

»Sie sagen, dass sie Freiraum brauchen. Und dass es mir guttut, das Jod und die Luft hier am Meer.«

»Wann fährst du wieder?«

»In einer Woche.«

»Wir legen unsere Handtücher immer an die gleiche Stelle. In die Nähe der Bademeister, wegen Natascha.«

»Ich kann nicht aus dem ›Mickey Mouse Club‹ heraus.«

»Und nachts?«

»Wie, nachts?«

»Wir könnten nachts ans Meer gehen.«

»Meine Großeltern werden das niemals erlauben.«

»Meine Eltern auch nicht. Aber sie müssen es ja nicht wissen.«

Ich möchte mich zum Retter aufschwingen. Der Held, der dem kleinen Jungen dabei helfen wird, endlich das Meer zu sehen und in den Wellen zu spielen.

Er schneidet eine Grimasse.

Er weiß nicht, was er davon halten soll.

Die Versuchung ist groß, das ist klar.

Ich sage nichts weiter.

Schließlich streckt er mir die Hand hin und sagt: »Ich heiße Benoît.«

Ich schüttele seine Flosse, wie es mein Vater immer tut, und sage: »Philippe.«

Und die Sache ist abgemacht. Wir verabreden uns für den nächsten Abend.

Am nächsten Abend beschlossen meine Eltern, nach Biarritz zu fahren.

Ich wollte nicht mit und fing mir zwei schallende Ohrfeigen für meinen Widerstand ein.

Ich habe ihn nicht wiedergesehen.

Seine Eltern waren ihn abholen gekommen.

Danièle Girard

Ich gehe sehr früh an den Strand. Um sieben Uhr morgens ist kaum jemand dort. Ich begegne bloß ein paar Fischern, die noch hinausfahren wollen, aber die meisten sind schon unterwegs. Die Händler müssen beliefert werden. Die Männer schenken mir keine Beachtung. Und das ist mir gerade recht. Ich trage Stoffhosen, schwarze Espadrilles und eine ganz normale Bluse. Ich bin nicht geschminkt. Ich bin Danièle Girard. Und ich lebe.

Ich könnte stundenlang, so auf die Brüstung gestützt, verweilen und den Ozean betrachten, wie er sich zurückzieht und wiederkehrt.

Der Arzt hatte recht.

Der Ozean beruhigt.

Man blickt auf ihn hinaus, und er ist einfach da.

Dann spürt man die unermessliche Weite der Welt, man spürt, dass man nur ein Sandkörnchen im Universum ist und dass letztlich alles nicht so furchtbar wichtig ist.

Dann legt man den Kopf in den Nacken und beginnt zu lächeln. Man kann seinen Weg fortsetzen und in die Wohnung zurückkehren.

Unterwegs sieht man aus seinen Augenwinkeln die in den Schaufenstern der Geschäfte ausgestellten Strandkleider.

Man fasst die Auslagen angestrengter ins Auge, wenn ein gut gebauter Mann des Weges kommt. Er erinnert sich an nichts. Man lockt ihn nicht an. Er wird noch ein paar Stunden warten müssen. Es ist Zeit, sich noch einmal schlafen zu legen.

Natürlich schlafe ich nicht.

Ich bleibe auf dem Bett liegen und lausche den Geräuschen im Gebäude gegenüber. Die ersten Schimpftiraden von Michel. Und seine Frau, die nicht antwortet. Und der Kleine, der zur Schaukel hinuntergeht.

In der Etage darüber verschüttet Hubert seine Tasse Kaffee, und sofort meckert seine Frau. Ich kenne sie alle. Ich erahne all ihre Gedanken. Ich könnte ihre Lebensgeschichten schreiben. Aber das interessiert mich nicht. Ich kenne vor allem die Männer. Fast alle Männer aus dem Gebäude gegenüber, außer dem alten Henri, der nun wirklich zu alt ist. Ich kenne ihre Gemeinheiten, ihre Schwächen, ihre Enttäuschungen. Ich kenne all ihre Ekstasen. Sie klopfen heimlich an die Tür des Hauses, wenn ihre Teuerste mit der Kinderschar einkaufen gegangen ist. Sie schütten ihr Herz aus. Sie reden sich alles von der Seele. Ich bin ein perfektes Auffangbecken. Später sind sie wirklich herzergreifend, die Männer. Wenn du ihnen nämlich am Strand begegnest oder dich neben ihre kleine Familie legst. Sie erstarren. Sie fürchten sich. Sie denken, dass du alles ausplaudern wirst. Sie sind angespannt, die Männer. Innerlich beschimpfen sie dich als Schlampe, als Abschaum, als Nutte. Deine Erscheinung ist ihnen zuwider. Sie versuchen, ihre Frauen von dir fernzuhalten. Schlechter Einfluss. Und manchmal spürst du doch, wie ihr Puls in die Höhe schnellt. Sie können es nicht verhindern, die Männer. Sie lehnen dich ab, aber du ziehst sie an.

Nur der Bursche aus der vierten Etage, der gerade achtzehn Jahre alt geworden ist, verhält sich anders. Er wird tatsächlich rot. Er rührt mich wirklich. Ich war sein allerschönstes Geburtstagsgeschenk.

Aber es gibt etwas, das ich nicht vorausgesehen habe. Das ist Line. Ich habe nicht vorausgesehen, dass ich Zärtlichkeit für eine andere Frau empfinden könnte. Sie rührt mich. Sie rührt mich mit ihrem Schweigen, mit ihrer unterdrückten Wut, mit ihren Sorgen. Sie rührt mich mit den kleinen Freiheiten, die sie sich manchmal herausnimmt, wenn sie ihrem Schwein von Ehemann nicht antwortet, und auch, wenn sie den Jungen bittet, etwas weiter weg zu spielen. Sie erinnert mich an Danièle Girard. Danièle Girard vor drei Jahren. Und der Kleine, auch er rührt mich. Man könnte meinen, er sei Emmanuel Girard. Ich beobachte ihn heimlich, den Kleinen. Ich sehe ihm zu, ich belausche ihn, ich kann es nicht lassen. Ich weiß, dass der Arzt das nicht gutheißen würde. Aber der Arzt ist weit weg. Ich erinnere mich nicht mehr an Paris. Aus dem Fenster sehe ich zu, wie die Familien gegen zehn Uhr morgens zum Strand aufbrechen.

Der Vater mit den Strandmatten unterm Arm und dem Sonnenschirm, der alle drei Sekunden beinahe hinunterfällt. Die Kinder mit den Eimern, Schaufeln und den Harken. Die Frauen mit den Strandtaschen und Sonnencremetuben, der Ferienlektüre und den Zeitschriften.

Sie gehen im Gänsemarsch.

Fügsam.

Still.

Sie sehen mich nicht.

Sobald ich einen Kloß im Hals verspüre, sobald mich meine Gefühle übermannen, gehe ich sofort ins Badezimmer.

Eine dicke Schicht Make-up.

Endlos lange Wimpern.

Blauer Lidschatten, dass es nur so kracht.

Orangefarbener Lippenstift.

Ein Minirock, weil meine Beine wunderschön sind. Ein kurzärmliges Kleid, weil meine Arme wunderschön sind. Offene Schuhe, weil meine Füße wunderschön sind.

Mit dem Arsch wackeln. Ein wenig, nicht zu viel. Ganz wichtig, die Sonnenbrille. Und der Hut mit der breiten Krempe.

Libowski. Natascha Libowski. Schauspielerin. Spielerin. Heldin. Geschieden. Frei.

Ich bin Natascha Libowski.

Danièle Girard kenne ich nicht.

Und Emmanuel Girard schon gar nicht.

Ich habe nur flüchtig von dieser Geschichte gehört.

War das nicht der Junge, der vor drei Jahren im Hafen ertrunken ist?

Eine schreckliche Geschichte, nicht wahr?

Genau deshalb will ich lieber keine Kinder haben.

Jean-Michel Courtine

Ich sehe sie alle an, erbärmlich sind sie.

Ganz ehrlich.

Kein Traum, kein Ideal, nichts.

Die Welt verändert sich, die Welt bewegt sich, es gibt Männer und Frauen, eine Revolution ist im Gange, aber sie, sie kriegen nichts davon mit. In zehn Jahren werden sie aufwachen, und wenn sie im Fernsehen einen Rückblick auf die Siebzigerjahre sehen, werden sie sich fragen, wo sie während der großen Umwälzungen waren.

Sie waren hier.

Am Strand.

Mit ihren roten Sonnenschirmen und ihren orangefarbenen Handtüchern, mit ihren Strandkabinen, ihren großen Sonnenbrillen und ihrem Pastis am Mittag.

Alle.

Nicht einer von ihnen würde sich für einen anderen starkmachen.

Sie blicken auf den Atlantik hinaus, und alles, was sie sehen, ist Wasser, Salz und Möwen.

Wenn ich auf den Atlantik hinausblicke, sehe ich die

Schiffe, die Flugzeuge, New York und den Weg quer durch die Vereinigten Staaten. Ich sehe bis zur Golden Gate Bridge. Ich sehe bis nach Alcatraz. Ich sehe bis zu den Ashbury Heights. Ich sehe die Häuser, die sich dort an den Hügeln aufreihen.

Noch drei Jahre. Drei Jahre dauert es noch, bis ich losziehen kann. Drei Jahre dauert es noch, bis ich mein Leben leben kann. Ich bin achtzehn Jahre alt. Ich habe bereits daran gedacht abzuhauen, aber ich habe keine Lust, die Polizei hinter mir her zu wissen, so, wie es bei Christian war.

Und anschließend würde ich nur umso strenger von meinen Eltern überwacht.

Also schmiede ich mit meinen Freunden Zukunftspläne.

Ich habe auch Zukunftspläne mit Annie geschmiedet, aber mit Annie geht das jetzt nicht mehr. In nur ein paar Monaten hat sie etwas so Gesetztes bekommen. Sie spricht von Studium, von sozialem Aufstieg und all solchem Blödsinn. Sie will nicht mehr, dass wir Gras rauchen. Sie sagt, dass sie sich von den chauvinistischen Zwängen der Gesellschaft befreien wird. Sie sagt, dass sie als Frau eine Führungsrolle in einer Männerwelt einnehmen will. Annie. Eine Führungsrolle in einer Männerwelt. Es ist nicht zu fassen. Ich habe Schluss mit ihr gemacht.

Sie weiß es noch nicht, aber ich habe Schluss mit ihr gemacht.

Im September, wenn wir uns wiedersehen, werde ich es ihr sagen.

Unmittelbar bevor es an die Technische Hochschule geht.

Ich weiß eigentlich gar nicht, was ich dort will. Ich will nicht in einem Büro arbeiten. Ich will nicht mein Leben damit verbringen, Berechnungen anzustellen, Tabellen mit Zahlen zu füllen und Preise zu verhandeln.

Ich bin ein Vogel.

Ich will vor der untergehenden Sonne in den Bergen mit einem Mädchen schlafen, das nicht die gleiche Sprache spricht wie ich. Und dennoch werden wir uns verstehen. Ich werde meinen Höhepunkt bis zum letzten Augenblick zurückhalten. Wie bei Natascha. Weil es mit Natascha etwas anderes ist als mit Annie. Natascha ist ein Profi. Natascha weiß, wie es mit der Lust funktioniert. Natascha steht mitten im Leben. Sie bringt die kleinbürgerlichen Gewohnheiten der Feriengäste ins Wanken und wirft die übliche Anständigkeit über Bord. Ich verstehe nicht, warum sie sich hierher zurückgezogen hat. Vielleicht hofft sie, dass sie die Dinge von innen her ändern kann, dass sie so zu einem allmählichen Wandel beiträgt. Sie ist eine Reformerin. Genau, eine Reformerin. Ich hingegen, ich bin ein Revolutionär. Ein Revolutionär und eine Reformerin, das kann nicht lange gut gehen. Gerade einmal eine großartige Nacht lang, in der wir die Sterne vom Himmel herunterholen. Dann trennen sich unsere Wege. Ich gehe weiter, sie bleibt zurück. Außerdem ist Natascha schon über dreißig Jahre alt, und ich bin achtzehn. Ich werde mit ihr Schluss machen. Ich werde es ihr nicht sagen, dennoch wird sie es verstehen. Ich werde sie an den Schultern fassen und ihr erklären, dass mein Weg mich in die Ferne führt, über die Meere hinweg. Ihr werden Tränen in den Augen stehen, aber sie wird nicken. Sie wird den Kopf senken und mir viel Glück wünschen.

Schaut euch nur meinen Vater an, der mit dem Nachbarn dummes Zeug redet, mit dem, der die ganze Zeit herumschreit.

Jetzt machen sie sich sogar schon über Schwule lustig.

Und über Schwarze.

Während andere dabei sind.

Die Frauen lachen auch noch.

Sogar Natascha.

Es widert mich an.

Nur eine ist dabei, die nicht lacht. Das ist die Frau dieses Nachbarn. Allerdings – wer das ganze Jahr mit so einem Mistkerl zusammen ist, dem kommt der Sinn für Humor vermutlich abhanden.

Ich muss weg.

Ich will nicht wie sie werden.

Ich will nicht in einer Welt ohne Musik und ohne Farben leben.

Ich schreibe lange Briefe an meine Freunde.

Wir schreiben uns immer lange Briefe mit all unseren Träumen und Phantasien.

Aber die Phantasien nehmen Gestalt an.

Nächstes Jahr werden wir einen Peugeot J7 haben.

Und wir werden mit dem Kleinbus in die Bretagne fahren.

Ich habe die Schnauze voll von der Atlantikküste hier unten.

Fred wird seine Gitarre mitnehmen.

Phil wird die Schlafsäcke mitbringen.

Weit weg von all dem in der Sonne verbrutzelnden Fleisch hier.

Eine Generalprobe.

Für in drei Jahren.

In drei Jahren, da werden wir alle drei gemeinsam mit dem Nachtflug nach San Francisco fliegen.

Ich werde nie wieder hierher zurückkehren.

Ich werde sie alle niemals wiedersehen.

Wenn ich meinen Roman geschrieben habe und dieser zum Kultbuch geworden ist, werde ich Natascha ein Exemplar schicken.

Sie wird eine Träne in Erinnerung an unsere Liebesnacht vergießen.

Wenn ich im Schneidersitz im Redwood Forest sitze, werde ich an sie denken.

Henri Cami

Die meiste Zeit bleibe ich in meiner Wohnung. Ich habe niemals zuvor in einer Wohnung gelebt. Ich habe niemals Nachbarn gehört. Ich habe niemals so viel Zeit gehabt. Ich hatte niemals so viel Müßiggang. Nicht, dass mir das nicht gefiele. Ich kenne es nur einfach nicht.

Ich habe seit meiner Ankunft nichts in Unordnung gebracht. Ich habe einen Teller, ein Messer, eine Gabel und eine Bratpfanne benutzt. Ich habe Eier und Steaks gegessen. Das sind die einzigen Dinge, die ich in der Küche zubereiten kann. Die Kinder hatten ein opulentes Essen mit Fisch, Krustentieren und Meeresfrüchten geplant, aber ich glaube, dass ich das nicht mag.

Aber eigentlich kann ich das nicht sagen, denn ich habe es niemals probiert. Ich kenne es nur einfach nicht.

Zweimal bin ich ans Meer gegangen.

Ich kam mir lächerlich vor mit meiner Hose, meinem Hemd, meinen Schuhen und meiner Kappe. Irgendwie war mir nicht klar, was ich dort eigentlich wollte. Ein kleines Mädchen kam und fragte mich, warum ich so angezogen sei. Ich antwortete ihr, dass ich nicht lange bleiben würde. Also bin ich nicht lange geblieben. Beim zweiten Mal nahm ich ein Handtuch aus dem Schrank mit und legte mich darauf. Ich habe meine Schuhe ausgezogen. Die Berührung mit dem Sand war unangenehm. Und außerdem fühlte ich mich unbehaglich angesichts der Weite des Wassers vor mir. Nicht, dass ich etwas dagegen habe, ich kenne es nur einfach nicht.

Ich komme aus den Bergen. Ich habe immer in den Bergen gelebt. Dort kenne ich die verborgensten Winkel, ich kenne den lautlosen Gesang des Dunstes, wenn er in die Schafställe dringt, ich höre die ersten Anzeichen des Frühlings wie des Winters und ich weiß, von welchen Felsen in den kommenden Jahren Gestein abbrechen und in die Tiefe stürzen wird. Ich kann die Angst der Hühner spüren, wenn der Fuchs ihnen auflauert. Ich erkenne die Hilferufe einer kalbenden Kuh.

Aber das Geräusch des Ozeans verwirrt mich.

Ich bin noch nie zuvor am Meer gewesen.

Marie hatte auch nie den Wunsch geäußert, ans Meer zu fahren.

Das Meer, das ist eine ganz andere Welt. Das Meer bedeutet Ebene, Kiefern, es ist das Gebiet der Waldarbeiter und das Gebiet der Müßiggänger. Das Meer ist für Leute, die zu viel Geld zum Ausgeben haben. Es ist für diejenigen, die nichts mit sich anzufangen wissen. Und natürlich ist es die Welt der Fischer. Vom Fenster meiner Wohnung sehe ich sie manchmal hinausfahren, die Fischer. Und ich habe Achtung vor ihnen. Ich nehme an, dass sie wissen, was sie tun, wenn sie sich auf den Ozean hinauswagen. Ich nehme an, dass sie das schon immer getan haben.

Aber es gibt nicht mehr viele, Fischer, meine ich. Früher gab es vermutlich nur Fischer hier, sonst nichts. Vielleicht waren es gerade einmal zehn Fischerhütten. Und jetzt sind all diese Leute hier, zu viele Leute. Das ist recht anstrengend.

Ich muss mich auf morgen vorbereiten.

Bernadette hat zwar gesagt, dass ich mich um nichts zu kümmern brauche, dass sie entweder das Essen mitbringen wird oder wir alle in ein Restaurant gehen werden, aber ich muss trotzdem etwas zum Knabbern besorgen und auch zum Trinken – für die Schwiegersöhne, die mitkommen. Und auch für Jean.

Ich habe kein großes Bedürfnis, sie zu sehen. Es wird Lärm, Geschrei und Unruhe geben, und das bin ich nicht mehr gewohnt. Ich war es im Übrigen auch nie gewohnt. Zu Hause bei uns waren die Kinder gut erzogen. Sie sprachen nicht während der Mahlzeiten. Sie spielten draußen oder kümmerten sich um die Tiere. Jean hat behauptet, dass einer von ihnen vielleicht sogar den Hof übernommen hätte, wenn ich sie nicht immer gezwungen hätte, zu schweigen und so früh mitzuarbeiten. Aber Jean ist immer bereit, Ärger zu machen. Es überkommt ihn einfach. Sobald er im gleichen Zimmer ist wie ich, weiß ich, dass er mich angehen wird. Ich antworte nichts. Ich sage mir, dass er schon noch begreifen wird. Wenn ich seine Kinder sehe, die so unhöflich und ungestüm sind, sage ich mir, dass er noch einiges vor sich hat und eines Tages schon verstehen wird.

Ich bin sicher, dass die Idee für diesen Aufenthalt hier nicht von ihm stammt. Sie stammt von Bernadette. Sie war immer schon so, Bernadette. Sie will immer allen einen Gefallen tun. Das ist manchmal auch etwas lästig.

Einen oder zwei Monate nach dem Tod von Marie sind sie alle zu mir gekommen, und sie haben beschlossen, dass ich einen Ortswechsel brauche. Dass ich auf andere Gedanken kommen muss. Und sie waren sich einig. Es sei schade, dass ich noch niemals das Meer gesehen hätte. Dass ich im August Ferien in Capbreton machen müsse.

Einen Monat.

Und während dieser Zeit würden sie sich um den Verkauf des Hofes kümmern.

Ich denke an meinen Hof.

Ich denke an das Zimmer, das ich jetzt bei Bernadette bewohnen werde.
Ich frage mich, was Marie zu alldem gesagt hätte.

Vom Fenster der Wohnung hier kann ich das Meer sehen.

Ich frage mich wirklich, wie man das lieben kann, diese endlose Weite des Wassers.

Nicht, dass ich es nicht mag, ich kenne es nur einfach nicht.

Michel Avril

Das Ideale sind die Berge.

Wirklich.

Niemand will mir glauben.

Auf den schmalen Pfaden der Hirten gehen, Wolkenbilder entstehen und vergehen sehen, Pilze sammeln, in hoch gelegenen Bergseen angeln. Nichts hören außer dem Rauschen des Windes.

Morgens früh aufstehen mit dem Gedanken, dass man zu einer langen Tageswanderung aufbricht.

Allein.

Vor allem keine Gören, die herumplärren. Keine Frauen, die sich das Maul zerreißen. Keine Verkäufer, die Eis oder gebrannte Mandeln anpreisen.

Nur der Wind.

Niemand hört mir zu.

Nicht ein einziges Mal haben wir in die Berge fahren können.

Jedes Jahr das gleiche Programm. Zwei Wochen bei den Schwiegereltern, in deren Haus es nicht zum Aushalten ist und wo mich alle nicht leiden können, selbst wenn sie mich eifrig anlächeln. Wo ich mit dem Schwiegervater die Gartenarbeit erledigen muss. Und anschließend dann zwei Wochen am Meer. Früher war es noch schlimmer. Da waren wir einen ganzen Monat am Meer. Einen Monat lang sich auf Handtüchern ausstrecken, die modrig riechen und beim kleinsten Windstoß davonflattern. Ganz zu schweigen davon, was das alles kostet. Von dem Geld, das wir hier für die Miete ausgeben, hätte man schon ein Viertel des Grundstücks für unser eigenes Haus kaufen können. Aber nein. Man muss ans Meer fahren. Man muss die Wellen anschauen. Man muss Wassereis kaufen. Man muss Sonnencreme kaufen. Man muss den Tratsch von dieser Schlampe Natascha anhören. Man muss sich mit dem Jungen herumschlagen, der nicht allein spielen kann. Und noch viel schlimmer, man muss hinnehmen, dass die eigene Frau zu einer anderen Frau wird.

Sobald sie ihren Badeanzug angezogen hat.

Es wird deutlich, sobald sie ihren Badeanzug angezogen hat.

Dann setzt sie noch die Sonnenbrille auf.

Den ganzen Tag schaut sie nur herum, sonst nichts.

Sie geht nie ins Wasser, sie kann auch gar nicht schwimmen.

Sie quasselt in einer Tour mit Natascha und schaut herum.

Sie schaut den Männern am Strand nach.

Und stellt Vergleiche an.

Ich weiß, dass sie Vergleiche anstellt.

Den einen findet sie muskulöser, der andere sieht so sympathisch aus, und der da, der ist sicher ein besserer Vater.

Und die andere Nutte ermutigt sie auch noch, da bin ich mir sicher. Mit ihrem vornehmen Pariser Gehabe und ihrer übertriebenen Schminke. Wahrscheinlich sagt sie ihr, dass der Strand wie ein Supermarkt ist. Du schlenderst an den Regalen entlang, du wägst ab, du wirfst einen Blick auf den Preis und bist nicht einmal verpflichtet, etwas zu kaufen.

Auf jeden Fall weiß ich, dass sie die Männer beobachtet.

Zu Hause beherrscht sie sich, aber ich bemerke es trotzdem. Der Lehrer, der neben uns wohnt, zum Beispiel. Ich rede über Kinder und Erziehung und wie man ihnen Selbstständigkeit beibringt und Werte vermittelt, aber das interessiert sie überhaupt nicht. Sie interessiert einzig und allein, wie sie in sein Haus kommt, unter seine Decke schlüpfen kann und herausfindet, wie er im Bett ist.

Und das macht sie nur, um mir wehzutun.

Anfangs wollte ich es nicht glauben, aber dann haben meine Eltern mir die Augen geöffnet. Sie sagten zu mir, schau dir doch ihre Tricks an, die ganze Zeit demütigt sie dich, und dann tut sie am Ende auch noch so, als wäre sie vollkommen verzweifelt, um als Opfer dazustehen. Und genau so ist es.

Sie macht sich meinen Charakter zunutze, behauptet meine Mutter. Du warst immer schon ein kleiner Hitzkopf; herzensgut, aber zugleich ein Hitzkopf, nun gut, da kann man nichts machen, so bist du nun einmal, ja, so bist du nun einmal. Es hat schließlich auch viele Vorteile, mit dir zusammen zu sein, du hast eine gute Stellung bei der Eisenbahn, du bist fleißig, du bringst fast jeden Samstag Blumen vom Markt mit, sie weiß gar nicht, wie gut sie es hat. Es gibt viele, die gern an ihrer Stelle wären.

Außerdem ist sie geil.

Neulich habe ich mir geschworen, nicht wütend zu werden, da sie mir das am häufigsten vorwirft. Anscheinend habe ich die Angewohnheit herumzuschreien. Anscheinend hören die Nachbarn jedes einzelne Wort, das ich ihr an den Kopf werfe. Na und? Sollen sie doch wissen, die Nachbarn, dass ich mit einer Schlampe verheiratet bin, einer Schlampe, die mit anderen Schlampen herumhängt. Und ich bin dann tatsächlich nicht wütend geworden. Aber sie hat es natürlich nicht einmal bemerkt. Dabei habe ich mich weiß Gott schwer beherrscht. Als sie mir meinen gerade einmal lauwarmen Kaffee einschenkte, als die Marmelade neben dem Butterbrot hinuntertropfte und sie sie nicht einmal wegwischte, als ich den Dreck auf dem Küchenfußboden sah, als ich beobachtete, wie sie dem vorbeigehenden Bademeister nachsah, habe ich nichts gesagt, obwohl ich vor Wut beinahe geplatzt bin. Aber hat sie mir das vielleicht gedankt? Na, von wegen. Also habe ich mir gesagt, Schluss damit. Schluss mit den Zugeständnissen. Es reicht, ich habe genug hingenommen. Immer bin ich derjenige, der sich bemüht, von ihr kommt gar nichts. Das kann doch wohl nicht wahr sein! Ich bin mit einer Schlampe verheiratet und soll ihr obendrein auch noch die Füße küssen. Nein, so lasse ich, Michel, mich nicht behandeln.

Das Schlimmste ist, sagt meine Mutter, dass sie den Jungen gegen mich aufgebracht hat. Ich, ich arbeite und bin zwangsläufig unter der Woche nicht da, sondern komme nur am Wochenende heim. Also haben sie die ganze Woche Zeit, um über mich herzuziehen, und ich, ich kann nichts dagegen tun. Der Junge wird wie sie, das sehe ich genau. Erstens meidet er mich. Und außerdem ziert er sich genau wie seine Mutter. Er verdreht die Augen, wenn ich Witze mache. Er guckt herablassend. Und sie hat ihm das beigebracht. Außerdem ist er eine richtige Klette. Dauernd hängt er bei uns herum, ist nicht in der Lage, für sich allein zu spielen, und kommt deshalb ständig an und will Burgen bauen, will ein Eis haben, will seinen *Spirou* kaufen oder sonst etwas. Mit dem Geld, das uns das alles kostet, hätten wir schon ein Viertel des Grundstücks für unser eigenes Haus kaufen können.

In den Bergen könnte er so viele Dinge unternehmen. Wir würden zusammen Pilze suchen, oder wir würden ein Picknick machen. Sie, sie könnte auch tun, was ihr gefiele. Sie könnte zu Hause bleiben und nähen oder einfach fernsehen. Sie mag die Berge nicht. Na und? Ich, ich mag schließlich auch das Meer nicht, und doch tue ich es mir jedes Jahr an.

Außerdem würden wir ein einsam gelegenes Haus in den Pyrenäen mieten. Etwas, wo wir rein unter uns wären, wo es keine anderen Touristen gäbe. Nichtstuer. Dann könnte sie den vorbeispazierenden Kühen hinterhergucken und sonst niemandem.

Meine Mutter ist ganz meiner Meinung. Sie sagt, dass das eine gute Idee ist. Sie sagt, dass man meine Frau auf jeden Fall in den Griff bekommen muss. Was hat dich nur getrieben, dass du dich in dieses Weibsbild verliebt hast? Überall in der Welt hätte es welche gegeben, die dich auf Knien angefleht hätten, sie zu heiraten, und du wählst dir diese eingebildete Pute mit ihrer Leidensmiene aus! Du warst wirklich blind, nicht wahr, mein Hase? Liebe macht eben blind, nicht wahr?

Ja, klar.

Genau.

Aber trotzdem ist es nicht meine Schuld, dass sie gleich beim ersten Mal nach dem Ball schwanger geworden ist.

Sie hätte aufpassen können.

Oder mir sagen, dass es kein guter Zeitpunkt ist. Das hätte ich verstanden.

Ich bin schließlich kein Monster.

Hyères
Var
1982

Sabrina Lejeune

Ich gehe gerne die Straße entlang bis zum Strand hinunter. Ich spüre die auf mich gerichteten Blicke der Männer. Ich tue jedoch so, als würde ich nichts bemerken. Es ist neu für mich. Noch im letzten Jahr war ich ein Nichts. Nicht dick, nicht dünn, nicht weiblich, nicht kindlich, eine Art unsichtbares Wesen in der Präadoleszenz. Niemand konnte voraussehen, welch schöne Pflanze in dieser Wüste sprießen würde. Das ist es. Ich bin eine Blume der Wüste.

Nur ein leichtes Senken der Schulter.

Ganz langsam.

Oh! Ein Träger ist heruntergerutscht, was für ein Zufall. Schnell wieder nach oben mit ihm.

Ich sehe gern, wie ihre Augen zu funkeln beginnen. Ich sehe gern, wie sie ihren Speichel herunterschlucken. Ich sehe gern, wie mein Vater herumschimpft. Er schimpft, um zu schimpfen. Bis zu diesem Jahr gab es keine Verbote. Ich durfte allein an den Strand gehen, ich durfte allein hinausgehen, um mir ein Eis oder eine Zeitschrift zu kaufen, ich durfte mich vor dem Haus sonnen. Aber dieses Jahr ist es das reinste Gefängnis. Ich werde ihn einfach nicht los. So gehst du nicht vor die Tür. Zieh dir eine Jacke über. Willst du nicht deine Schaufel und deinen Eimer mitnehmen? Aber es gelingt ihm nicht, mich wütend zu machen. Es amüsiert mich. Ich beginne zu leben. Ich weiß, dass die anderen mich sehen. Noch ein paar Jahre, und ich bin die Strandkönigin. Ich werde der strahlende Stern des Urlaubsortes sein.

Und wenn nach den Ferien die Schule wieder beginnt, werde ich dort der Hingucker sein.

Im Grunde kann ich alle Schikanen meines Vaters ertragen, seit ich Benoît begegnet bin. Benoît ist Bäcker, jawohl. Er knetet jeden Tag Brot. Seine Hände sind sanft. Heute Abend, da werde ich mich verdrücken, genau wie letzten Samstag. Es ist ganz einfach. Ich gehe nach der Unterhaltungssendung gegen halb elf nach oben und lege mich hin. Mein Vater geht gegen elf Uhr ins Bett. Er schläft sehr schnell ein. Noch schneller geht es, seit ich die Tabletten in seinem Nachttisch gefunden habe. Ich zerbreche zwei und rühre sie heimlich in seinen Kaffee. Er hat schon festgestellt, dass er, seit er in den Ferien ist, wie ein Bär schläft. Dass er hier so selig wie ein Baby schlummert. Ist das nicht rührend? Dann muss ich nur noch auf Zehenspitzen die Treppe hinunterschleichen. Ich höre unten seine regelmäßigen Atemzüge im Schlafzimmer und bewege mich ohne jedes Geräusch die Treppe zur Garage hinunter. Dann husche ich vorsichtig nach draußen.

Seit Jahren schon träume ich davon.

Ich atme tief die Nachtluft ein, während ich an der Straßenecke warte.

Letzten Samstag sind wir in einer Disco in Le Lavandou gewesen. Das war genial. Wir sind mit dem Citroën GS von Benoît gefahren und ein Stück des Weges sogar im Rückwärtsgang. Das war das Größte. Ich habe zwar ein wenig Angst bekommen, aber die anderen haben sich beinahe totgelacht, und so fand ich es schließlich auch lustig, ja genau, ich fand es auch lustig.

Ich liebe es, in Diskotheken zu gehen. Ich hoffe, dass Benoît mir wieder einen Whisky-Cola ausgibt. Der haut rein und schmeckt auch noch gut. Er schmeckt besser als alles, was ich jemals getrunken habe.

Benoît ist wirklich nett.

Seine Kumpel mag ich weniger, sie sind ein bisschen plump, und außerdem hören sie einfach nicht auf, mich mit meinem Alter aufzuziehen. Sie nennen mich die Jungfrau Maria, aber er, er ist einfach süß. Ich bin sicher, dass Papa ihn nicht sonderlich mögen würde, aber es steht auch nicht zur Debatte, dass er von ihm erfährt. Als Erstes fände er Benoît viel zu alt. Dabei ist er neunzehn, das ist nicht alt. Außerdem merkt man gleich, dass er erwachsen ist und sich Gedanken macht. Wenn er zum Beispiel mit seinen Kumpels über Politik redet, merkt man, dass er Bescheid weiß. Außerdem fühle ich mich von ihm beschützt. Als mich letzten Samstag ein Araber auf der Tanzfläche angemacht hat, hat er nicht lange gefackelt. Da er auch noch den Türsteher ganz gut kennt, hat der Araber ganz schön einstecken müssen. Irgendwann fand ich dann, dass alles etwas zu weit ging da draußen auf dem Parkplatz, und deshalb habe ich ihn gebeten aufzuhören, aber er hat geantwortet, dass man etwas, das man angefangen hat, auch zu Ende bringen muss. Ganz anders als mein Vater. Der beginnt ganz viele Dinge und bringt sie nicht zu Ende. Zum Beispiel seine Ehe mit meiner Mutter.

Heute Abend kann ich es wirklich kaum noch erwarten, dass sie endlich kommen. Sie haben mir noch dazu versprochen, dass sie etwas ganz Besonderes für mich vorbereiten würden, für meinen Geburtstag. Mein Geburtstag ist zwar erst in drei Tagen, aber was soll's. In drei Tagen werde ich abends nicht abhauen können. Da werde ich den Abend mit meinem Vater verbringen müssen.

Fünfzehn Jahre.

Ich habe immer davon geträumt, fünfzehn zu sein.

Ich erinnere mich daran, dass ich mir schon als kleines Mädchen die Fünfzehnjährigen in den angesagten Jugendzeitschriften genau ansah und die Tage zählte, die mich von diesem Geburtstag trennten.

Ich bin so unglaublich glücklich, jetzt endlich so alt zu sein.

Es kommt mir vor, als würde jetzt das Leben erst richtig beginnen.

Und man kann tun und lassen, was man will, wenn man nur geschickt vorgeht.

Sicher bekomme ich eine Geburtstagskarte von Vaness. Meine Freundschaft mit Vaness kann nichts erschüttern. Sie ist wie ich, wir haben immer die gleichen Träume, die gleichen Wünsche. Es ist einfach verrückt. Aber ich bin trotzdem froh, dass sie nicht mit uns hier in den Ferien ist, weil wir auf die gleichen Typen stehen, und jetzt, jetzt will ich Benoît echt nicht teilen. Er ist einfach klasse.

Apropos Typen. Ich werde sicher auch einen Anruf von David erhalten. Ich weiß gar nicht, was ich ihm dann sagen soll. Ich will ihm nicht wehtun, aber es hat keinen Sinn. David ist noch ein Junge. Mit fünfzehn sind die Kerle doch echt noch richtige Babys. Allerdings will ich ihn auch nicht im Glauben lassen, bei Schulbeginn gehe alles weiter mit uns.

Ich habe mich verändert.

Das werde ich sagen, jawohl.

Ich habe mich verändert.

Ich bin reifer geworden.

Ich bin jetzt fünfzehn.

Ah! Da kommen sie, endlich!

Sie lachen ja schon jetzt wie verrückt.

Wir werden viel Spaß haben.

Pascal Maître

Ich habe alles getan, was in meiner Macht stand. Ganz ehrlich, ich weiß nicht, was ich noch hätte tun können. Die Villa auf dem Mimosas-Hügel. Zehn Zimmer mit Swimmingpool. Amerikanische Küche mit Zugang zum Patio. Große, lichtdurchflutete Zimmer. Geschmackvoll möbliert. Kleiderschränke mit Glastüren. Darinnen zwei Versace-Anzüge und zwei Saint-Laurent-Kleider. Zugegeben, ohne Etikett, aber immerhin. Ich hatte alles vorbereitet. Der Feinkosthändler würde uns mittags und um acht Uhr abends beliefern. Er ist der beste in der Umgebung. Ich habe mich vorher erkundigt. So würden wir ohne Störung zusammen sein können. Reden. Uns unterhalten.

Verdammt noch mal, ja.

Fabienne erwartete sie gemeinsam mit mir vor dem Haus. Sie sah großartig aus in ihrem schlichten, engen Kleid von Dior, das ich ihr zu ihrem Namenstag geschenkt hatte. Braun gebrannt, das Haar etwas gebleicht, ein strahlendes Lächeln. Ich war stolz auf sie.

Ich hätte ein Foto machen sollen, bevor sie alles verdarben.

Schon als das Taxi vorfuhr, gab es das erste Problem, weil mein Vater nicht wollte, dass ich die Rechnung beglich. Er bestand stur darauf, selbst zu zahlen, und außerdem wollte er dem Fahrer noch klarmachen, dass er gesehen habe, wie dieser den Zähler manipuliert habe, dass das eine Schande sei und dass er zudem hundsmiserabel gefahren sei. Von hinten versuchte meine Mutter, ihn zu besänftigen: Robert, so beruhige dich doch. Robert, so schlimm ist es doch nicht. Robert, die Kinder sind da. Ich schere mich einen Dreck darum, ob es schlimm ist oder nicht, Liliane. Es geht ums Prinzip. Schließlich reichte es dem Fahrer, der nun auf Italienisch herumfluchte, bevor er mit Volldampf abrauschte.

Fabienne war leicht verunsichert. Genau das hatte ich befürchtet. Schon seit Monaten erkläre ich es ihr immer wieder. Wir kommen nicht aus dem gleichen Milieu. Meine Eltern sind meine Eltern, und sie sind ganz und gar nicht wie deine Eltern. Es wird dir möglicherweise schwerfallen, sie zu akzeptieren. Sie hat stets mit einem vielsagenden Lächeln geantwortet.

Ich dachte, dass der Alte sich wenigstens bemühen werde.

Aber im weiteren Verlauf ...

Im weiteren Verlauf ist alles noch schlimmer geworden.

Er drückte mir flüchtig die Hand und musterte Fabienne ein paar Augenblicke, bevor er ihr entgegenschleuderte, dass sie wohl die Frau seines Sohnes sein müsse. Sie lachte ein wenig verlegen und antwortete, ja, in der Tat. Nun lächelte er seinerseits und sagte, dass wir ihn schon entschuldigen müssten, er könne das schließlich nicht wissen, da er ja nicht zur Hochzeit eingeladen worden sei. Und dass er darüber hinaus auch nie Fotos zu sehen bekommen habe. Da schaltete ich mich ein. Nun, Papa, du weißt genau, dass wir auf Hawaii geheiratet haben, und zwar im engsten Kreis.

Er musterte mich mit seinen blauen, kalten Augen. Dem gleichen eisigen Blick, den ich schon als Kind zu spüren bekam, wenn ich etwas getan hatte, das ihn enttäuschte. Er hat mich immer schon innerlich erstarren lassen, dieser Blick. Und wenn mein Vater dann wieder von der Bildfläche verschwunden ist, macht er mich rasend, dieser Blick.

Der engste Kreis, genau, das ist gut. Ich möchte auch im engsten Kreis beerdigt werden. Da wirst du auch nicht eingeladen werden. Anschließend machte Fabienne mit dem Versuch, die Situation zu entschärfen, alles nur noch schlimmer: Aber Schwiegerpapa, meine Eltern zeigen euch gerne die Fotos. Sie haben mindestens vier Filme gemacht.

Totenstille.

Meine Mutter räusperte sich und sagte, dass es ein sehr schönes Ferienhaus sei. Führst du uns etwas herum?

Nichts hat ihn beeindruckt.

Weder die großen Fensterfronten mit dem Blick aufs Meer noch die Hightechgeräte in der Küche.

Er hat nur gefragt, was eine solche Unterkunft denn koste.

Abgeschmackter geht es einfach nicht mehr.

Ich äußerte lediglich, dass ich es mir leisten könne.

Und er erwiderte darauf, dass er daran keinen Zweifel habe.

Er fügte hinzu, dass er mich in der Fernsehsendung von vorgestern sehr gut gefunden habe.

Ich bedankte mich bei ihm, was er mit einem kurzen, säuerlichen Lachen quittierte.

Selbstgefällig, menschenverachtend, überheblich – alles, was ich liebe. Die Art von Klugscheißer, der zu wissen glaubt, wie alles läuft, weil er seinen Nächsten nach Strich und Faden verarscht.

Fabienne verschluckte sich fast an den Knabbereien, die es zum Aperitif gab.

Ich biss die Zähne zusammen.

Ich äußerte lediglich, dass ich keine einzige Aggression von ihm mehr hinnehmen würde, solange sie hier seien.

Er sagte kein Wort mehr.

Er begreift gar nichts. Er erträgt es nicht, dass sein Sohn Unternehmen aufkaufen, verschlanken und wieder verkaufen kann. Er hat überhaupt keine Vorstellung davon, wie Wirtschaft und Geschäftswelt heute aussehen. Er hat sein ganzes Leben in der gleichen Fabrik malocht, ist die Leiter ein wenig emporgestiegen, hat es bis zum Vorarbeiter gebracht und ist dann in den Ruhestand gegangen. Er hat sein ganzes Leben in dem gleichen engen Haus mit seinem armseligen kleinen Garten gelebt. Ein kleinkariertes Leben. Mir war sehr früh klar, dass ich dieses Leben nicht führen will. Dass ich Raum brauche. Und ich habe es geschafft. Dafür schäme ich mich nicht im Geringsten. Und wenn er mich zurückstößt, so geschieht das nicht zum ersten Mal. Er hat nie an meine Fähigkeiten geglaubt. Er hat nie daran geglaubt, dass ich etwas zustande bringe. Zum Glück gibt es auch noch meine Mutter. Ein Vorbild an Würde und gutem Geschmack. Sie hat mir den Sinn für schöne Dinge vermittelt. Er, er hat mir überhaupt gar nichts vermittelt.

Am Abend gab er vor, dass er nicht hungrig sei, und so ging er nach oben, um sich schlafen zu legen.

Ich fragte ihn noch, was sie am nächsten Tag gern unternehmen wollten. Ob sie einen Ausflug ins Hinterland machen, nach Italien hinüberfahren oder sich einfach an den Strand legen wollten. Er war schon auf der Treppe nach oben und machte nur eine vage Handbewegung. Ich seufzte und sagte, dass er sich wohl auch im Alter nicht bessern werde. Mama ging kurz darauf ebenfalls nach oben zum Schlafen.

Das Klappern einer Tasse weckte mich gegen fünf Uhr morgens auf. Ich habe einen sehr leichten Schlaf. Jemand war in der Küche. Ich schlich mich nach unten.

Sie waren da, alle beide, gestiefelt und gespornt, die Koffer in der Hand.

Ich rieb mir die Augen. Ich stammelte: »Was ist …, aber wohin …?«

Mein Vater ergriff vollkommen ruhig das Wort: »Unser Platz ist nicht hier. Wir fahren.«

Mit einem Schlag war ich außer mir vor Wut. Ich brüllte. Kristallgläser gingen zu Bruch. Ich ließ meinem ganzen aufgestauten Groll freien Lauf, alle Demütigungen der vergangenen Jahre brachen sich Bahn. Ich schrie, dass er tun könne, was er wolle, aber dass Mama nicht gezwungen sei, seinen Befehlen zu gehorchen, dass sie nicht gezwungen sei, sich ihm zu unterwerfen, dass sie hierbleiben werde.

Und dann habe ich ihn geschlagen.

Jawohl.

Meine Mutter stürzte zu ihm, half ihm aufzustehen. Sie drehte sich zu mir um. Sie hatte den gleichen Blick wie er. Mit ihrer zarten Stimme sagte sie, dass es nicht sie gewesen sei, die habe kommen wollen. Dass er es gewesen sei. Weil er sich nicht lösen könne. Weil er abends allein in seiner Werkstatt weine. Sie hingegen, sie habe nicht kommen wollen, nein, sie nicht. Denn sie wisse Bescheid. Sie wisse, dass sie ein Monster geboren und aufgezogen habe. Sie habe immer wieder gegrübelt, wie das habe geschehen können. Sie begreife nicht, zu welchem Zeitpunkt alles aus dem Ruder gelaufen sei. Wann ich zu dem geworden sei, was ich nun sei.

»Und was soll das sein, Mama?«

Sie lächelte. Ihr sanftes, zuckersüßes Lächeln.

»Abschaum.«

Ich habe ihnen nicht nachgesehen, wie sie die Straße zur Stadt hinuntergingen. Ich wollte sie nicht sehen mit den Koffern in der Hand, aufrecht, ja sogar kerzengerade. Ihre Gestalten, die ein einziger Vorwurf waren.

Ich habe mir nichts vorzuwerfen.

Ich bin, was ich immer werden wollte.

Und ich bin stolz darauf.

Line Avril

Ich weiß eigentlich nicht so recht, warum ich hierhergekommen bin.

Um mal etwas anderes zu machen.

Fünfzehn Jahre an der Atlantikküste in den Landes, das war zu viel.

Mir stand der Sinn nach einer Luftveränderung.

Vor allem in diesem Jahr.

Es ist seltsam, all diese neuen Möglichkeiten. Durch die Boutiquen bummeln. Am Strand entlanggehen. Spaziergänge in den Kiefernwäldern machen. Aufstehen und einfach nur an sich selbst denken müssen.

Manchmal wird mir sogar schwindlig davon.

Gestern Abend rief Philippe an, um zu hören, wie es so läuft, ob mir die Unterkunft gefiele, ob ich noch irgendetwas bräuchte. Ich ließ meinen Blick kurz schweifen und antwortete, dass ich nichts bräuchte, dass alles sehr gut, ja perfekt sei. Er lachte kurz und sagte, dass es eher ein schlechtes Zeichen sei, wenn man alles perfekt finde.

»Ganz ehrlich, Philippe, ich habe noch keine Zeit gehabt, mir einen Überblick zu verschaffen. Ich bin erst heute Morgen angekommen. Wenn du mich jetzt bittest, das Haus zu beschreiben, so bin ich dazu gar nicht in der Lage.«

»Ja. Du hast recht. Ich rufe zu früh an. Aber ich mache mir eben Sorgen, Mama.«

»Ich bin erwachsen und geimpft, Philippe. Ich kann sehr gut auf mich selbst aufpassen.«

»Es ist das erste Mal, dass du die Ferien allein verbringst. Ein wahres Glück.«

»Ich danke auch recht schön.«

»Du weißt schon, was ich sagen will. Du hättest das schon viel früher tun sollen.«

»Die Ferien?«

»Die Scheidung.«

»Ach so.«

»Nun gut. Ich werde nächste Woche kommen. Wahrscheinlich am Montagabend.«

»Das hast du mir schon mindestens zehn Mal gesagt.«

»Soll das ein Vorwurf sein?«

»Eine Warnung.«

»Gut. Ruf mich an, wenn du magst.«

»Grüß Vincent von mir.«

Der letzte Satz kommt mir nicht ganz so leicht über die Lippen. Scham empfinde ich nicht, wenn ich ihn ausspreche, doch damit kam schließlich alles ins Rollen. Wäre Vincent nicht im Leben meines Sohnes aufgetaucht, hätte ich mich gewiss nie scheiden lassen. Ich verdanke meine Freiheit also einem Schwulen. Nein, das Wort schwul möchte ich nicht benutzen, das ist Michels Sprache. Das muss ich streichen. Es muss ein neutraleres Wort her. Ein Allerweltswort. Einem Homosexuellen also. Genau.

Es war ein Sonntag fast wie jeder andere. Philippe hatte beschlossen, einen Freund zum Essen mitzubringen. Das kam hin und wieder mal vor. Manchmal waren es auch Freundinnen, aber es stimmt, das war seltener der Fall. Michel hatte sich den ganzen Vormittag über in seinem Arbeitszimmer eingeschlossen. Ich verwendete keine Mühe mehr darauf, herauszufinden, was er dort trieb. Nichts allzu Sträfliches vermutlich. Er würde wahrscheinlich peinlich genau die Haushaltsrechnungen durchgehen und die Schecks unter die Lupe nehmen, um zu sehen, ob ich mir wieder einmal ein Kleid gekauft hatte. Das gemeinsame Konto hätte ich niemals akzeptieren sollen.

Als ich um halb eins zum Essen rief, kam er wieder zum Vorschein. Er wirkte leicht angetrunken, aber möglicherweise wirkte er auch nur so, weil er stundenlang auf die Kontrollabschnitte der Schecks gestarrt hatte. Die Jungen waren bereits seit einer Stunde im Haus, und Vincent erzählte gerade, wie er einmal mehr oder weniger unverhofft Modell für eine Gruppe von Studentinnen der Kunsthochschule gesessen hatte und wie diese nach und nach alle herumgekichert hatten, während er immer mehr errötet war. Vincent ist ein angenehmer Gesprächspartner, er kann gut erzählen. Ich höre ihm gern zu. So muss es sich anfühlen, wenn man einen echten Freund hat. Ich erinnere mich an Natascha. Sie redete wie er. Aber das ist schon so lange her, acht oder neun Jahre muss das schon her sein. Oder sind es sogar schon zehn Jahre? Ja, Natascha. Ich weiß nicht, was aus ihr geworden ist. Als wir im Jahr darauf wieder dort hinfuhren, war sie nicht mehr da.

Ich sah Michels Gesicht.

Es war das gleiche Gesicht, das er Natascha gegenüber gezogen hatte.

Ich spürte all die Beleidigungen, die ihm auf den Lippen lagen.

Ich wurde nicht enttäuscht.

Bei Michel wird man nie enttäuscht. Er ist so unglaublich vorhersehbar. Wie eine Waschmaschine. Und jetzt lief gerade Kochwäsche. Und zwar bei 90 Grad Stark verschmutzte Bettwäsche. Aber die wäscht man doch in der Familie, nicht wahr?

Er war es, der sofort auf Homosexuelle zu sprechen kam Auf Mitterrand, der ihnen gewisse Rechte zugesprochen habe. Und dass das eine Schande sei. Und dass sie doch in ihrem eigenen Dreck verrecken sollten. Dass man sie lebendig begraben sollte.

Ich versuchte, nicht hinzuhören. Wie so oft in letzter Zeit. Ich war dabei, mir mit offenen Augen eine große Wiese vorzustellen, die auf einem sanften Abhang bis zum Meer hinunterreichte.

Und dann haben sie sich geküsst.

Mitten auf den Mund.

Ich wusste es natürlich. Als Mutter, da weiß man solche Dinge. Und Michel wusste es auch. Aber es dann auch zu sehen. Es zu sehen, das ist etwas anderes.

Jetzt brach alles heraus. Alles im Zimmer geriet ins Wanken. Mein Blick glitt für einen Augenblick zu Michel hinüber. Sein hochrotes Gesicht, der Geifer in seinen Mundwinkeln, seine wulstigen Lefzen. Ich kann Hunde nicht ausstehen. Das ist alles, was ich gesagt habe. Auf der Stelle hielten alle inne. Jetzt wussten sie nicht mehr, was sie tun sollten. Ich ging aus dem Zimmer. Und aus ihren Leben.

Klar, ich sehe sie ab und zu. Ich esse mit Vincent und Philippe zu Abend. Michel lädt mich ins Restaurant ein. Die Jungen beglückwünschen mich. Michel versucht, mich dazu zu bewegen, alles wieder rückgängig zu machen.

Ich höre ihnen nicht zu.

Das interessiert mich nicht.

Als ich heute Morgen ankam, habe ich am Bahnhof ein altes Paar gesehen, das mit den Koffern in der Hand die Straße herunterging. Sie setzten sich auf eine Bank. Er nahm sie in seine Arme. Sie küssten sich.

So friedlich.

Ich werde nie wie sie sein.

Michel wird nie wie sie sein.

Philippe und Vincent werden nie wie sie sein.

Ich denke an diese faltige Haut, an diese zärtlichen Gesten, an dieses Verständnis, an diese Verbundenheit.

Ich denke den ganzen Tag daran.

Ich habe noch nicht einmal das Meer gesehen.

Gilles Veriniani

Ich hätte niemals gedacht, dass so etwas passieren könnte.

Ich gehöre nicht zu diesem Typ Mann.

Solch romantische Vorstellungen sind mir fremd: am Strand entlanggehen, Hand in Hand in die Wellen springen, sich gegenseitig nass spritzen und dabei übermütig lachen.

Vor zehn Jahren vielleicht. Vor zehn Jahren, da ja.

Ich erinnere mich, dass ich die Ferien damit verbrachte, auf die Begegnung zu warten, bei der tatsächlich der Funke überspringen würde, auf die verwandte Seele samt den Abschiedstränen und Versprechungen fürs nächste Jahr.

Ich bin immer in den Ferien hierhergekommen, mit meinen Eltern.

Die gleichen Paare waren da, die gleichen Freunde.

Grillfeste wurden organisiert, Spiele und Wettkämpfe, bei denen es darum ging, wer am weitesten pinkeln konnte.

Ich erinnere mich an ein Mädchen, das ungefähr zwei Jahre jünger war als ich. Sie war total verrückt nach mir. In einem Jahr hat sie mir sogar mein T-Shirt mit dem

Konterfei von *The Rubettes* geklaut, um es abends mit in ihr Bett zu nehmen.

Ich war neun Jahre alt, sie sieben.

Ein echtes Mädchen eben.

Sie kam nur ein paar Jahre lang hierher.

Später, als wir älter waren, entschieden sich ihre Eltern für die Bretagne.

Die früheren Freunde von hier haben sich in alle Winde verstreut. Manche fahren nicht mehr in die Ferien, die Arbeitslosigkeit fordert ihren Tribut. Erst hat man sich noch ein paar belanglose Briefe geschickt, dann kam nichts mehr.

Nur Olivier blieb übrig.

Olivier und ich hatten sehr viel Spaß miteinander, aber es war klar, dass ein Mädchen, das uns beide auf einmal entdeckte, sich nicht für mich entscheiden würde. Und wir haben nie die Zwillingsschwestern gefunden, die wir suchten und die unser Problem gelöst hätten.

Dann gab es eines Tages keine Eltern mehr, die alles bezahlten. Wir mussten den ganzen Sommer arbeiten, um das Studium zu finanzieren. Olivier hat schließlich eine Anstellung gefunden, und nun muss er in den Sommermonaten arbeiten, anstatt am Strand zu liegen wie die Leute, die Kinder haben. Bald wird er aber wieder dort liegen. Seine Frau ist schwanger. Ich weiß nicht, ob ich ihn beneide.

Ich bin fünfundzwanzig Jahre alt. Ich bin frei und habe keine Freundin. Die letzte hat sich vor nicht einmal einem Monat selbst von diesem Joch befreit. Ich habe gezögert. Ich habe mir gesagt, dass es eine ziemlich schlechte Idee ist, allein ans Meer zu fahren, noch dazu an den Ort, wo ich als Kind meine Ferien verbracht hatte. Dass ich dort in eine düstere Stimmung verfallen würde.

Beinahe hätte ich es sein gelassen. Aber dann dachte ich noch einmal an die Fußgängerstraße, die zum Markt hinaufführt, an den Strand von Almanarre, an die Insel Porquerolles, an die sanfte Brise, die dich umweht, wenn du mit geschlossenen Augen am Strand liegst. Und da sagte ich mir, dass auf jeden Fall alles besser wäre, als allein hier in dieser Wohnung zu bleiben, wenn meine Kumpel einer nach dem anderen in die Sommerfrische aufbrechen.

Die ersten Tage waren hart, ja, das waren sie.

Ich hing in diesem schäbigen Zweizimmerappartement herum und fragte mich, was ich hier eigentlich wollte.

Ich hatte niemanden, mit dem ich reden konnte. Und das fehlte mir ganz furchtbar.

In der Diskothek überfiel mich die Einsamkeit dann mit aller Wucht. Und das, wo ich immer so gern in Diskotheken gegangen bin. Ich sah dieses noch sehr junge Mädchen mit diesem Typen tanzen, der nur daran dachte, mit ihr zu bumsen. Ich sagte mir, dass es mir nicht guttäte hierzubleiben. Ich ging, als sie gerade anfingen, sich den Maghrebiner vorzuknöpfen.

Auf dem Parkplatz stand ein Mädchen in meinem Alter etwas verloren herum. Ihr Verlobter wollte noch bleiben und mit ihren Freunden tanzen.

Sie wollte lieber nach Hause zurück. Aber die Diskothek lag weit draußen. Sie musste ins Stadtzentrum von Hyères. Ich schlug ihr vor, sie mitzunehmen. Sie lachte kurz auf. Das ist nicht vernünftig. Das müssen Sie selbst wissen. Er wäre fuchsteufelswild, wenn er das wüsste. Er hätte überhaupt keinen Grund dazu. Stimmt eigentlich, warum also nicht?

Die Fahrt dauerte nicht allzu lang, und wir haben kaum etwas geredet. Aber als ich vor dem Haus hielt, in dem sie wohnte, stieg sie nicht gleich aus dem Wagen aus. Ich mache niemals den ersten Schritt, nein, ich nicht. Weder den ersten noch irgendeinen anderen. Sie runzelte die Stirn. Sie fragte: Sie kommen also aus dem Département Aube?

Kopfnicken. Sie hatte das Autokennzeichen gesehen.

Ich hatte einmal einen Freund, der aus dieser Gegend kam. Schweigen. Sind Sie schockiert, wenn ich Sie um Ihre Telefonnummer bitte?

Nein, aber Ihr Freund, der wird sehr schockiert sein.

Als sie aus dem Wagen stieg, lächelte sie und bedankte sich bei mir.

Es war drei Uhr morgens, ich trank gerade einen Kaffee, um wieder einen klaren Kopf zu bekommen, als sie anrief.

Ich wollte mich nur vergewissern, dass die Nummer richtig ist. Mmmh. Haben Sie schon geschlafen? Nein. Was haben Sie gerade gemacht? Kaffee. Ich habe auch an Sie gedacht. Wir haben uns einander gar nicht vorgestellt.

Ich will niemanden unter Druck setzen. Ich habe Sie sofort wiedererkannt. Wie bitte? Irgendwo in meinem Zimmer in Paris habe ich immer noch das T-Shirt mit *The Rubettes* vorne drauf.

Einander kennenlernen, uns miteinander vertraut machen, damit sind wir jetzt beschäftigt.

Sie ist wie die Stadt. Sie kommt mir bekannt vor, und dennoch haben sich so viele Dinge verändert. Wir müssen versuchen, die Lücken zu füllen, den Schmerz zu verscheuchen, die Beschaffenheit der Gefühle auszukundschaften. Mir kommt es so vor, als hätte ich das seit Jahren nicht gemacht. Vielleicht noch nie.

Wenn ich morgens aufwache, spüre ich ihre Nase auf meiner Brust. Sie schläft in dieser Haltung, an mich gekuschelt. Ich schaue an die Zimmerdecke, Tränen steigen mir in die Augen.

Beim Frühstück versuchen wir alle beide, irgendwo einen Zipfel vom Meer auszumachen. Aber die Gebäude verstellen den Blick auf den Küstenstreifen.

Ihr Typ ist zurück nach Paris gefahren. Sie fährt später. Ich fahre später. Wir fahren später.

Gestern sind wir lange vor den Schaufenstern der Immobilienagenturen stehen geblieben. Auf der Suche nach einer dauerhaften Bleibe.

Mein ganzes Leben wird ein Ferienleben sein.

Francis Rozé

Niemals in fünfzehn Jahren Berufsleben. Ich kann es immer noch nicht fassen. Es war ein vollkommen gewöhnlicher Tag. Ganz unbeschwert.

Du triffst Kunden. Du zeigst ihnen Wohnungen. Du machst die üblichen belanglosen Späße. Du gibst die immergleichen Ratschläge. Die Kunden des heutigen Tages sind obendrein ganz sympathisch. Sie kommen aus dem Pariser Becken und wollen sich jetzt auf einmal hier niederlassen. Er hat schon eine Stelle gefunden. Sie ist Sekretärin, bei ihr wird es vielleicht ein wenig länger dauern, aber sie ist zuversichtlich, und sie hat ein wenig Geld zur Seite gelegt. Sie haben das Schaufenster der Agentur gesehen und sind lange davor stehen geblieben. Eingehend studierten sie die Angebote und sahen sich dabei kaum an. Nur ab und zu glitten die Augen rasch zum anderen hinüber, dann ein leichtes Erröten auf den Wangen. Ein Paar, das noch nicht lange zusammen ist. Ein noch nicht verheiratetes Paar, das aber bald verheiratet sein wird. Ich sortiere sie alle im Geiste in schmale, kartonierte Mappen ein. Und dann kommen sie in eine hübsche, geräumige

Schublade. Das ist keineswegs eine besondere Gabe. Es ist einfach der Beruf, der einem in Fleisch und Blut übergeht. Du beobachtest die Marotten, die Reaktionen, die verdeckten Anspielungen und erstaunten Ausrufe, und ein paar Augenblicke später – hast du bereits ein getreues Bild des Paares im Kasten.

Manchmal ist das amüsant, oft jedoch vollkommen deprimierend. Heute war es wirklich bewegend. Ich beschloss, ihnen den gesamten Vormittag zu widmen. Ich verließ die Agentur und lud sie auf einen Kaffee ein.

Ja, natürlich hatte ich etwas für sie. Gewiss, der Zeitpunkt war nicht ideal, aber die Feriengäste brachen schon langsam wieder auf. 21. August. Zurück in heimische Gefilde. Der Schulanfang rückt näher. Es ist noch sehr heiß am Strand, aber man spürt bereits die tiefe Traurigkeit im Glitzern der Sonne auf dem Meer. Herzzerreißende Lichtreflexe.

Ja, ich hatte eine sehr schön geschnittene Zweizimmerwohnung, mitten im Stadtzentrum und dennoch ruhig, da in einer kleinen Sackgasse gelegen. Bis zum 24. war die Wohnung noch vermietet, aber vielleicht konnte man fragen, ob die Mieterin zufällig eine Besichtigung akzeptierte. Natürlich war es möglich, dass sie ablehnte. Schließlich war sie in den Ferien, und möglicherweise war sie nicht einmal in Kenntnis gesetzt worden, dass diese Wohnung ab September zu vermieten war.

Sie nickten beide im gleichen Rhythmus verständnisvoll mit dem Kopf, und beinahe hätte ich losgelacht.

Ich konnte ihnen sogar den ganzen Tag widmen.

Die Frau war sehr freundlich. Natürlich verstand sie alles. Sie war sehr erstaunt, weil sie dachte, dass außerhalb der Ferienmonate Juli und August jemand in dem Appartement wohnte. Aber sie hatte keinerlei Einwände gegen eine Besichtigung.

Im Auto hielten sie auf der Rückbank Händchen und blickten, versonnen lächelnd, in die Landschaft hinaus. Ich bin sicher, dass sie nichts sahen. Sie waren mit ihren Träumereien beschäftigt. Das Leben mit ihr. Das Leben mit ihm. Ein zaghaftes Glück.

Mir wurde ganz warm ums Herz.

Das passiert mir oft.

Der Chef hält mir immer wieder vor, dass ich mich zu sehr mit meinen Kunden identifiziere, dass das nicht professionell ist, dass ich Federn lassen werde und die Agentur ebenso, aber im Augenblick kann er nicht klagen. Ich lasse ihn einfach weiternörgeln. Madame Bentini ist noch dazu ganz seiner Meinung. Im Grunde, Francis, leben Sie nur die Leben der anderen. Sie finden Wohnungen für sie, legen den Grundstein eines neuen Lebens für sie und verlieren dabei das eigene Leben aus den Augen. Sie lassen sich treiben. Wenn Sie fünfzig sind, werden Sie aufwachen, Francis, und dann werden Sie sich fragen, was mit Ihnen geschehen ist.

Ich habe keine Angst.

Gestern musste ich ein Leck in einer Wasserleitung am Mimosas-Hügel begutachten. Die Klempner waren bereits vor Ort.

Eine reife Leistung, die Siedlung dort. Ganz schöne Nobelhütten, ein wenig zu protzig, finde ich, aber solide gebaut.

Dort bin ich dieser jungen Frau begegnet.

Sie saß allein auf ihrer Terrasse.

War verheiratet.

Wir sprachen ein wenig miteinander.

Über Kinder.

Er sei ganz verrückt danach, nach Kindern.

Sie fragte mich tatsächlich, ob ich auch welche haben wolle.

Ich bejahte. Einfach so. Ich wusste eigentlich gar nicht, was ich antworten sollte. Eigentlich hätte ich wohl antworten sollen, nein, nicht der richtige Zeitpunkt, und die ganze Leier.

Die Klempner verließen das Mimosas-Viertel viel früher als ich. Als sie aufbrachen, warfen sie mir einen anzüglichen Blick zu.

Ich erhob mich und wollte mich verabschieden. Ihr Mann wird bald zurückkehren. Mein Mann ist nach Paris zurückgefahren. Ach! Mein Mann reist viel. Ach! Mein Mann ist kein Mensch aus Fleisch und Blut. Aha! Möchten Sie einen Aperitif? Ach! Hören Sie endlich mit diesem Ach auf! Einmal habe ich Aha! gesagt. Ich heiße Fabienne. Und ich heiße Francis.

An sie musste ich nun denken, als wir in den Aufzug stiegen.

Die Puzzleteile für eine unmögliche Geschichte. Der Herbstanfang. Am Freitagabend würden wir das süße Pärchen einladen, Laure und Gilles. Wir würden Meeresfrüchte essen und nach Hyères hinunterblicken, das endlich von den Touristenschwärmen erlöst zu unseren Füßen läge.

Madame Avril hatte Kaffee für uns gemacht. Das süße Pärchen hatte die Wohnung mit dem Blick der zukünftigen Besitzer besichtigt und beteuert, dass ihnen alles sehr gut gefalle. Madame Avril war entzückt. Und ich auch. Sie sagte, Sie erinnern mich an meinen Sohn. Ich rechnete bereits mit weiteren Vertraulichkeiten, aber sie blieben aus.

Die beiden wollten den Keller sehen, und Madame Avril wollte ohnehin ihr Fahrrad hochholen, um an der Küste entlangzufahren. Wir stiegen alle vier in den Fahrstuhl nach unten.

Schalten Sie das Licht an. Es funktioniert nicht. Warten Sie, ich habe eine Taschenlampe dabei. Sie denken aber auch an alles, Monsieur Rozé. Es ist die dritte Tür auf der rechten Seite. Verflixt noch mal, es ist aber wirklich finster hier. Ach! Ich bin gegen etwas gestoßen. Alles in Ordnung, Liebling? Ja, ich … Was ist das denn? Könnten Sie einmal hierherleuchten, das ist wirklich seltsam, ich …

Ein erstickter Schrei ertönte. Wir blieben alle vier wie erstarrt stehen. Wie Idioten.

Auf dem Boden lag der Körper eines jungen Mädchens. Die Kleider waren zerrissen. An dem mit blauen Flecken übersäten Körper klebte überall getrocknetes Blut. Der Kopf war zertrümmert.

Ich erbrach mich auf Madame Avril.

**Perros-Guirec
Côtes d'Armor
1992**

Hannah Gromer

Es ist schön.

Auch wenn ich eigentlich gar nicht hier hergewollt hatte, es ist schön.

Klar, ich hätte lieber an die Côte d'Azur gewollt. Saint-Tropez. Nizza. Cannes. Der Klang dieser Namen umweht mich seit meiner Kindheit und hat mich immer träumen lassen. Onkel Hans war in den Sechzigerjahren dort gewesen, und er erzählte uns großartige Geschichten von dort. Rote und weiße Boliden auf der Straße an der Steilküste, Frauen in luxuriösen Kleidern, Festgelage bis zum frühen Morgen, bei denen der Champagner in Strömen floss.

Ich habe den Geschichten von Onkel Hans niemals wirklich geglaubt. Im Übrigen hat niemand ihnen wirklich geglaubt, aber es war einfach schön, auf dem durchgesessenen Sofa wegzudämmern, während man seinem immer gleichen Geplapper lauschte. Und dann gab es ja auch das Fernsehen. Und die Musik. Schleichend kamen die Bilder näher. Sie pfropften sich auf unsere Erinnerungen, allerdings ohne dass es ihnen gelang, sie zu verdrängen. Es gelang uns, Filme anzusehen, die in Frankreich, England oder auf der anderen Seite der Grenze spielten.

Später sind sie dann gekommen. Sie kreuzten mit ihrem großen Wagen auf, schauten etwas verblüfft und ängstlich drein, bevor sie an der Tür des Gebäudes klingelten. Mit einem Schlag war es mucksmäuschenstill. Alle Familien des Wohnblocks hingen am Fenster. Meine Mutter wurde rot wie eine Tomate. Mein Vater brach in Tränen aus. Onkel Hans kippte aus den Latschen.

Ich hatte schon oft von Onkel Otto und seiner Familie gehört. Aber ich hatte diesen Geschichten ebenso wenig Beachtung geschenkt wie denen von Onkel Hans. Es war einmal eine Familie, die durch die Mauer getrennt wurde. Einer der Brüder flieht, bevor es zu spät ist, und schickt Briefe, anfangs sogar recht häufig, dann immer seltener. Wir folgen seinen Wegen auf einer Landkarte, auf der wir die Orte, an denen er nacheinander Station macht, mit farbigen Stecknadeln markieren. Köln, Düsseldorf, Mulhouse, Straßburg. Umzüge nach Lust und Laune. Und dann plötzlich keine weiteren Ortswechsel mehr. Er schreibt, dass er heiraten wird. Wir versuchen, eine Ausreiseerlaubnis zu bekommen. Wir bekommen sie aber nicht.

Ich erinnere mich an die Enttäuschung. Ich erinnere mich, dass die Olympischen Spiele in München stattfanden. Da war ich sechs Jahre alt. Ein paar Fotos der Kinder – ein Junge, ein Mädchen. Sie hingen an der Küchenwand, bis sie irgendwann herunterfielen und niemand sie aufhob. Und dann stehen sie eines Tages vor der Tür des Gebäudes, und der ganze Wohnblock klebt an den Fensterscheiben. Die Alten fallen sich in die Arme. Das Mädchen schenkt mir ein Lächeln. Ich lächele zurück.

Sie muss dreizehn oder vierzehn Jahre alt gewesen sein. Ich war gerade zwanzig geworden. Das war vor sechs Jahren.

Sie hatten ein Geschenk für mich. Einen Walkman. Plus Musikkassetten. Ich hatte noch nie ein so schönes Geschenk bekommen. Ich hatte mich noch nie so gedemütigt gefühlt.

Als sie wieder fortfuhren, gab es Umarmungen, Versprechungen und Tränen.

Bald würden wir wieder vereint sein. Bald könnten wir alle zusammen in einem kleinen Garten einen Aperitif trinken.

Niemand glaubte daran.

Wir kamen uns alle wie der hiergebliebene Onkel Hans vor.

Unsere rührende Geschichte machte die Runde.

Und dann ging alles plötzlich ganz schnell. Leute begannen, die Grenze zu überschreiten, man spürte, dass das Regime wankte, man verbrachte seine Zeit damit, die anderen nach Neuigkeiten zu fragen, man war empfänglich für jeden Tratsch, man beobachtete die Reaktionen der Nachbarn.

In einer Novembernacht fiel schließlich die Mauer.

Ich werde mich mein Leben lang an den Schauer erinnern, der mich durchlief, als ich die Bilder sah. Nichts würde jemals wieder so sein wie bisher. Ich erinnere mich, dass ich entweder jünger oder älter sein wollte. Aber nicht so alt wie jetzt, dreiundzwanzig Jahre, mit dem Hintern zwischen zwei Stühlen und dem Kopf zwischen zwei Generationen.

Wir gingen in den Westen, Stefan und ich. Mehrmals. Die Straßen anschauen und die Schaufenster. Die machen sich nicht klar, was sie haben. Das machen die sich wirklich nicht klar.

In diesem Jahr haben Onkel Otto und Tante Geneviève mich für die Ferien eingeladen. Sogar die Zugfahrt haben sie bezahlt. Ferien am Meer, in der Bretagne. Dem letzten Zipfel Land vor den Vereinigten Staaten von Amerika. Und sie sind unentwegt am Meckern. Dass das Haus ein bisschen zu klein ist, dass es ein bisschen zu feucht ist, dass das Grundstück nicht so wie auf dem Foto im Katalog ist, dass der Supermarkt ein bisschen zu weit weg ist. Die machen sich nicht klar, was sie haben.

Stefan konnte nicht mitkommen. Er hat seinen Arbeitsplatz verloren und hadert im Augenblick mit seinem Schicksal. Er sagte, dass er eine Arbeit im Westen suchen will. Von der Wiedervereinigung profitieren will. Aber tatsächlich rührt er sich nicht vom Fleck. Er hängt mit seinen Freunden in unserem Viertel ab. Sie schimpfen auf die Regierung, auf die Ausländer, auf die Hunde. Ich erkenne ihn nicht wieder.

Ich wollte ein Kind von ihm. Das haben wir in der Nacht beschlossen, als die Mauer fiel: Jetzt, jetzt können wir ein Kind bekommen. Noch eine Weile abwarten, bis sich die Situation gefestigt hat, und dann ist die Zeit reif, um eine neue Familie zu gründen, um eine neue Basis zu schaffen, um eine neue Generation ins Leben zu rufen.

Jetzt, jetzt will ich nicht mehr.

Ich blicke am Strand von Perros-Guirec auf das Meer hinaus.

Hier ist alles sauber, ja wirklich. Die Luft wirkt rein. Die Häuser sind hübsch. Die Straßen sind schön.

Natürlich wäre mir die Riviera lieber gewesen.

Aber hier ist es auch gut.

Zwei Wochen. Das ist kurz, zwei Wochen.

Ich glaube, ich hätte nicht hierherkommen sollen.

Ich weiß nicht mehr, was ich tun soll.

Otto Gromer

Hier ist nicht aller Komfort geboten. Das ist schade. Die Dusche ist schlechter als zu Hause. Und der Kühlschrank ist zu klein. Vor allem Geneviève beklagt sich darüber. Außerdem regnet es die ganze Zeit. Na ja, fast die ganze Zeit. Wenn man abends den Wetterbericht anschaut, so ist das schon beinahe komisch. Immer gibt es irgendein Tiefdruckgebiet, das gerade die Bretagne erreicht. Entweder bleibt ein Tiefdruckwirbel hier hängen, der von den Britischen Inseln herübergeschwappt ist, oder es gelangt ein solcher von Norden über Belgien hierher, oder aber es wird einer aus südlicher Richtung vom Atlantik heraufgepumpt.

In ganz Frankreich ist gutes Wetter.

Im Elsaß ist gutes Wetter.

Wir wären besser zu Hause geblieben.

Wir hätten in Straßburg durch die *Petite France*, das hübsche Gerber-Viertel mit seinen Gässchen, schlendern und in ein Restaurant gehen können. Und dort würde uns auch niemand mit großen Augen anstarren, sobald wir den Mund aufmachen.

Es war Geneviève, die verreisen wollte.

Und sie hat sich auch um alles gekümmert. Der Katalog von *Voyages Bertrand* lag wochenlang auf der Toilette bei uns herum. Sie, die normalerweise so schnell wieder das stille Örtchen verlässt, blieb stundenlang dort verschwunden. Und sie kringelte ein, kreuzte an oder strich mit ihrem roten Kugelschreiber durch.

Deshalb habe ich schließlich nachgegeben. Sie wirkte so glücklich. Es kommt jetzt nicht mehr oft vor, dass sie glücklich wirkt, Geneviève. Sie wirkt immer etwas verhärtet. Manchmal sehe ich ihr aus dem Fenster nach, wenn sie zum Supermarkt *Cora* geht. Aufrechte Haltung. Nicht ein Härchen ist in Unordnung. Das macht mich traurig. Weil sie anders war, Geneviève. Als ich sie kennenlernte. Ich habe Angst davor, mit ihr alt zu werden.

Von ihr stammt auch die Idee, die Kleine mitzunehmen.

Die Kinder kommen dieses Jahr nicht, sagte sie, also könnten wir doch Hannah einladen, oder? Hannah? Deine Nichte. Hannah Gromer? Hast du noch mehr Nichten, die Hannah heißen?

Ich fand das ein bisschen seltsam, aber ich habe nichts geantwortet. Überhaupt antworte ich schon lange gar nichts mehr. Auch den Ostdeutschen habe ich nichts mehr zu sagen, gar nichts mehr. Das wurde mir klar, als wir 1986 dort hingefahren sind. Ich habe ihre Vorbehalte gespürt. Ich hörte sie tuscheln. Er ist gekommen, um eine Schau abzuziehen. Er ist ein Krösus. Er will uns klein machen.

Ein Krösus. So ein Blödsinn. Ich habe mein ganzes Leben lang in der Fabrik geschuftet. Und ich arbeite immer noch, trotz meiner Rückenprobleme. Und Geneviève auch, sie arbeitet auch noch. Als die Kinder klein waren, haben wir am Wochenende manchmal einen Ausflug zum Grand Ballon gemacht und dort gepicknickt. Véronique und Pierre, so heißen meine Kinder. Das sind schöne Namen, Véronique und Pierre. Auf jeden Fall französisch. Wir sind Franzosen. Wir sind keine Ostdeutschen. Wir sind überhaupt keine Deutschen.

Geneviève fragt mich aber immer wieder, warum ich nicht deutsche Sender im Fernsehen anschaue. Ich zucke die Schultern. Ich bin kein Deutscher, antworte ich ihr. Ich bin Franzose. Und dann zuckt sie ihrerseits die Schultern. Es ist doch keine Schande, Deutscher zu sein, sagt sie.

Sie kann sich das nicht vorstellen, sie hat so etwas nie erlebt. Na ja, nachts, wenn ich nicht schlafen kann, schaue ich sie dann doch manchmal, die deutschen Sender.

Eigentlich wollte ich mit alldem nur deutlich machen, dass Geneviève diejenige war, die hierherkommen wollte. Zuerst wollte sie an die Côte d'Azur fahren, aber die Ferienhäuser waren zu teuer. Und ich habe keine Lust mehr zu campen. Mit fünfundfünfzig Jahren hat man keine Lust mehr zu campen.

Also geht es in die Bretagne.

Ans andere Ende von Frankreich.

Der letzte Stopp vor den Vereinigten Staaten.

Als ich 1973 mein Junggesellenleben beerdigte, arbeitete während der Sommerferien ein junger Bursche in der Fabrik, der unbedingt in die Vereinigten Staaten wollte. Die Amis, das war sein großer Traum. Jean-Michel Courtine, genau, so hieß er. Ich frage mich, was wohl aus ihm geworden ist.

Ich frage mich vor allem, warum ich mich an Dinge erinnere, die mir nichts nutzen. Mein Kopf ist mit vollkommen unnützen Dingen vollgestopft. Geneviève hält mir das unentwegt vor. Wenn du dich wenigstens an alle Gewinnzahlen oder an die richtigen Preise der Geschenke in der Sendung *Juste Prix* erinnern könntest. Dann wäre das vielleicht nützlich.

Ich zucke die Schultern.

Eigentlich wollte ich mit alldem nur deutlich machen, dass wir jetzt eben in der Bretagne sind und dass Geneviève die meiste Zeit damit verbringt, in der Küche Mahlzeiten wie zu Hause zuzubereiten. Und dass sie außerdem schlechte Laune hat, weil sie keine geräucherte Wurst und keine gute Schweineschulter im Supermarkt findet. Und Fisch mag sie nicht. Ebenso wenig wie Krustentiere.

Hinzu kommt, dass sich die Kleine langweilt. Sie schaut stundenlang auf die Straße hinaus. Sie nimmt ihre Regenjacke und geht ganz allein nach draußen. Sie geht an den Strand, aber da es die meiste Zeit regnet, kann man dort nicht viel machen. Sie hätte eigentlich mit ihrem Freund kommen können. Aber ich bin sicher, dass Geneviève schlicht vergessen hat, ihn einzuladen, den jungen Mann. Sie ist sechsundzwanzig Jahre alt, Hannah, meine ich.

Als ich sechsundzwanzig war, da war ich gerade einmal seit zwei Jahren in Frankreich. Ich wohnte in Mulhouse.

Ich erinnere mich an meine erste Nacht in Frankreich, nach der Flucht. Ich wollte der Mauer entkommen. Ich hatte Angst vor der ganzen Welt. Ich hatte kein Geld mehr. Ich habe mir ein Plätzchen in einem Hauseingang gesucht – das war meine erste Bleibe in diesem Land. Es war im Mai. Mai 1961. Ein Paar kam lachend herein und schaltete das Licht ein. Ich blinzelte die beiden an und stammelte ein paar Entschuldigungsworte.

Monsieur und Madame Maître. Anständige Leute. Ich blieb einen Monat bei ihnen. Sie hatten einen etwa zehnjährigen Jungen. Sehr nett war er, dieser Junge.

Warum denke ich jetzt schon wieder an so etwas? Ich dachte, dass die Ferien meinen Kopf frei und leer machen würden. Aber nein, das Einzige, was die Ferien leer machen, ist das Portemonnaie.

Sieh an, es hat aufgehört zu regnen.

Christophe Courtine

Er geht mir auf die Nerven. Es ist verrückt, wie sehr er mir auf die Nerven gehen kann. Sehen Sie ihn doch an. Er ist selbstgefällig, angeberisch. Und ordinär. Seine Witze bringen niemanden bei Tisch zum Lachen, aber er macht trotzdem weiter. Ich schäme mich für ihn. Ich sage nichts, ich esse manierlich meine Jakobsmuscheln. Ich versuche, sein Kontrapunkt zu sein, sein absolutes Gegenstück. Sehen Sie ihn doch an. Er kann nicht einmal anständig essen. Er widert mich an.

Anderswo.

Wenn ich bloß anderswo sein könnte. Ich wollte mit Freunden nach Spanien fahren, aber er wollte es nicht, na klar. Das glaubst du wohl, dass du einfach so fortfahren kannst, du wohnst unter meinem Dach, und deshalb gelten für dich die Regeln unserer Familie. Mit welchem Geld würdest du denn überhaupt fahren, na, sag schon? Mit unserem? Da kannst du aber lange warten! Du kannst arbeiten gehen, um dir Taschengeld zu verdienen, außerdem hast du erst letztes Jahr einen Motorroller bekommen. Das ist auch nicht auf meinem Mist gewachsen, es war deine Mutter, die darauf bestanden hat. In ein paar Jahren, da können wir noch einmal darüber reden. Als ich zu meiner großen Reise aufgebrochen bin, ja da, da hatte ich mir alles selbst zusammengespart, ich hatte Blut und Wasser in der Fabrik geschwitzt, um mir das leisten zu können.

Peng! Da war sie wieder. Die Reise nach Amerika. Die kann uns bei jeder Gelegenheit aufgetischt werden. Sobald ihn der Blues überkommt oder er zu viel getrunken hat. Seine Ankunft am Kennedy Airport, seine Reisen per Anhalter, Louisiana, die Übernachtungen in schäbigen Hotels. Begegnungen mit großartigen Typen, außergewöhnliche Erlebnisse eben. Er nervt mich nur noch mit Amerika.

Er ist nicht einmal in der Lage, sich zu vergegenwärtigen, dass mittlerweile fast zwanzig Jahre vergangen sind, dass sie Reagan und Bush gewählt haben, dass sie sich in Gymnasien gegenseitig abknallen, dass sie das Elend in der Welt zu verantworten haben, dass sie sich für die Herrscher der Welt halten und uns ihr schwachsinniges Kulturmodell aufzwingen wollen mit Fernsehsendungen wie *Wheel of Fortune* oder *Rick Hunter*.

Nein, für meinen Vater bleibt Amerika der Nabel der Welt. Leute, die wirklich miteinander reden und sich austauschen, der Boden, auf dem Freiheit und Demokratie gedeihen. Ich schäme mich, ehrlich.

Ich frage mich, wie man so sehr in Freiheit und Demo-kratie vernarrt sein kann und gleichzeitig seinem sech-zehnjährigen Sohn verbieten will, mit ein paar Freunden in den Ferien nach Spanien zu fahren. Ich frage mich, wie man mit solcher Inbrunst von den Siebzigerjahren schwär-men und gleichzeitig so reaktionär sein kann. Ich frage mich vor allem, wie er es schafft, nicht zu merken, dass er alle um sich herum mit seinen armseligen Erinnerungen und seinen großen Reden anödet.

Ach ja! Natürlich! Eva, die wird besser behandelt. Seine Tochter Eva. Sein Liebling. Vierzehn Jahre und ein en-gelsgleiches Aussehen. O du, mein Vater, ich hänge an deinen Lippen, und deine Worte sind mir ein Elixier der Sanftmut. Was nicht heißt, dass sie mit ihrer Unschulds-miene nicht schon heimlich Hasch raucht. Und ich bin mir sicher, dass sie mit dem Freund, den sie angeschleppt hat, nicht nur Händchen hält. Beinahe wäre es dazu ge-kommen, dass er mit uns in die Ferien fährt, diese Dumpf-backe von ihrem Freund. Glücklicherweise ist uns das er-spart geblieben. Er kann nicht, er arbeitet bei der Post. Vorbildlich, findet mein Vater. Ein gewissenhafter junger Bursche, der in den Ferien malocht. Ist natürlich auch einfach, denn seine Mutter ist Briefträgerin, und bei der Post ist Kungelei an der Tagesordnung.

Ich hingegen habe Dutzende von Lebensläufen los-geschickt und gerade einmal zwei Antworten erhal-ten, die ausdrücklich betonten, dass ich noch keine sech-zehn Jahre alt sei und dies ja erst im Oktober werden würde und dass ich mir deshalb einen Job abschminken könne.

Das Schlimmste war, dass ich meinen Vater gefragt habe, ob er nicht seine Beziehungen spielen lassen könnte, um mir eine Arbeit in seiner Werkstatt zu beschaffen. Daraufhin wurde er fuchsteufelswild und brüllte mich an, dass er diese Spielchen nicht mitspielen werde, dass ich im Leben nur auf mich allein zählen könne und dass ich ganz allein zurechtkommen müsse.

Und so bin ich wieder einmal hier in Perros-Guirec gelandet, im gleichen Haus wie letztes Jahr, mit dem gleichen grässlichen rustikalen Geschirrschrank, der gleichen undichten Toilettenspülung, den gleichen, von meiner Mutter gebackenen Crêpes und den gleichen billigen Witzen bei den Mahlzeiten. Und der gleichen Schwester mit ihrem pausbäckigen Gesicht und den großen Unschuldsaugen, die kein Wässerchen trüben kann.

Es kommt mir vor, als wäre die Zeit stehen geblieben. Manchmal habe ich echte Albträume. Ich träume, dass ich dreißig Jahre alt bin und die Ferien immer noch auf genau die gleiche Weise verbringe.

Ach, Scheiße, jetzt ist es passiert, er hat mich bemerkt, ich werde also noch mal eine geballte Ladung abkriegen. Umso mehr, als er zu viel von dem Rosé geschluckt hat. Aus dem Augenwinkel sehe ich den Blick meiner Mutter. Sie ist beunruhigt. Sie fragt sich, wie ich reagieren werde. Ob jetzt alles aus dem Ruder läuft.

Und ob man den Abend anschließend damit verbringen muss, zu retten, was noch zu retten ist.

Also, du hast wohl gar nicht erst versucht, hier im Ort Arbeit zu finden ... du könntest Muscheln sammeln, anstatt im Haus herumzulungern.

Nicht alt genug.

Hää? Ich habe dich nicht verstanden.

Ich bin nicht alt genug, um arbeiten zu dürfen.

Das ist keine Altersfrage. Ich, wenn ich wirklich etwas wollte, dann habe ich es bekommen. Ich habe hart gearbeitet, und dann habe ich es auch bekommen. Aber euch, euch allen fliegen offensichtlich die gebratenen Tauben in den Mund.

Papa?

Ja, Eva. Was ist denn, mein Schatz?

Papa, du gehst uns auf die Nerven.

Stille. Dann kracht die Pfanne, die meiner Mutter entglitten ist, auf den Küchenboden und zerschellt.

Papa, du nervst uns total. Du gehst uns den ganzen Tag mit deiner blödsinnigen Reise auf den Wecker. Du willst ja wohl hoffentlich nicht den Rest deiner Tage damit verbringen, einen Aufenthalt von lächerlichen drei Wochen in Amerika bis ins kleinste Detail auszuwalzen, wo uns alle das nicht die Bohne interessiert. Außerdem wirst du dich hoffentlich nicht noch länger an Christophe abreagieren, der gar nichts gemacht hat. Du verhältst dich genau so, wie dein Vater sich dir gegenüber verhalten hat. Das hat Großvater mir erzählt, jawohl, das hat er.

Und damit du es nur weißt, Boris hat überhaupt keine Arbeit bei der Post gefunden. Er ist diesen Sommer einfach stinkfaul. Aber er wäre um nichts in der Welt mit uns hierhergekommen. Und zwar wegen dir. So sehr kotzt du uns an. So sehr kotzt du alle an.

Und dazu lächelt sie aus ihrem lieblichen Gesicht mit den großen blauen Unschuldsaugen wie ein aus dem Nest gefallenes Vögelchen.

Er erhebt sich mühsam. Er atmet schwer. Ich wappne mich, um dazwischengehen zu können. Wenn er ihr eine Ohrfeige verpasst, verpasse ich ihm auch eine. Darauf habe ich seit Monaten gewartet. Er ist weiß wie die Wand. Er schaut glasig.

Dann plötzlich stürzt er zur Tür und rennt nach draußen. Er weint. Ich höre ihn weinen. Er entfernt sich vom Haus, aber ich höre ihn trotzdem. Ich bin total erschüttert.

Eva dreht sich zu mir um. Nicht der geringste Anflug einer emotionalen Regung spiegelt sich auf ihrem Gesicht wider. Sie sagt nur: Das habe ich gut gemacht, nicht wahr?

Ich nicke.

Mama nickt.

Ich möchte nicht an der Stelle meines Vaters sein.

Fabienne Rozé

Ich habe mit diesem Mädchen am Strand geredet.

Anfangs wollte ich sie nur um Feuer bitten. Sie hat jedoch nicht richtig verstanden, was ich wollte, sie blickte so furchtbar misstrauisch, dass ich unvermittelt loslachen musste. Daraufhin entschuldigte sie sich unentwegt, halb auf Französisch, halb auf Deutsch.

Ich erinnerte mich an meinen Sprachunterricht. Ein paar eingerostete Überbleibsel waren noch vorhanden, sie reichten immerhin aus, um das Lächeln auf ihre Lippen zurückzuzaubern. Und um ihr kurz darauf sogar ein herzliches Auflachen zu entlocken.

Die Kinder spielten etwas weiter weg von uns. Alban in seiner gelben Öljacke und mit seinen grünen Gummistiefeln, die er nie ausziehen will. Théo in seinem Matrosenpullover. Typisch Bretagne eben.

Sie kommt aus dem Osten. Es ist ihre erste Reise nach Frankreich. Sie hat mir mehr oder weniger ihre ganze Familiengeschichte erzählt, aber ich habe nicht alles verstanden.

Ich habe auch nicht immer richtig zugehört, das muss

ich zugeben. Das ist im Augenblick häufiger mein Problem. Ich fange Unterhaltungen an, ich interessiere mich auch tatsächlich für das, was mein Gesprächspartner erzählt, und dann plötzlich schalte ich ab, schweife mit meinen Gedanken in die Ferne, da mag ich mich noch so sehr ermahnen, dass ich mich konzentrieren muss, es gelingt mir nicht.

Heute passierte mir das zu dem Zeitpunkt, als dieses Mädchen erzählte, dass es sechsundzwanzig Jahre alt sei.

Sechsundzwanzig Jahre.

Sofort sah ich den Strand von Almanarre vor mir.
Die Wohnung von Francis.
Sie war so unglaublich klein.
Ich war an viel Platz gewöhnt, an Luxus, an große Räume, die nur durch tragende Wände begrenzt waren. Ich hatte daher den Eindruck, in einem Puppenhaus zu leben. Und Francis entschuldigte sich in einer Tour, wie dieses Mädchen am Strand. Dieses Mädchen, das pausenlos weiterredete.

Ich finde, dass Sie alle sich überhaupt nicht klarmachen, was Sie haben. Wie bitte? Sie alle, die Sie im Westen leben. Sie machen es sich nicht klar. Was denn? Die Probleme ... das Geld ... zum Beispiel Obst ... Obst gab es bei uns nie. Für mich ist das noch immer jeden Tag eine Überraschung. Sie finden also, dass wir glücklicher als Sie sind? Ganz sicher. Sie machen sich nur nicht klar, was Sie haben. Geld ist nicht alles.

Wieder brach sie in ein herzliches Lachen aus und warf dabei ihre Haare zurück. Dann schüttelte sie den Kopf: Ich sag's ja, Sie verstehen es einfach nicht.

Das Geld.

Ich erinnere mich an das Geld. Ich erinnere mich an seine Macht.

Du rufst in ausgebuchten Restaurants an, du nennst deinen Namen und lässt nebenbei noch die Namen der einen oder anderen lokalen oder nationalen Berühmtheit fallen, und schon gibt es plötzlich doch einen Platz für dich.

Du erhältst Einladungen zu Bühnenshows, zu Cocktailpartys, zu privaten Abendveranstaltungen. Du begegnest den gerade angesagten Sternchen der Chansonszene. Du bist bei wilden Nächten dabei, in denen alle gemeinsam einfach so bekannte Lieder singen, und das Ganze sieht man dann total zufällig eine Woche später auf irgendeinem Fernsehkanal wieder. Die Kamera hattest du gar nicht bemerkt.

Ich erinnere mich an all den Schmutz.

Ich erinnere mich daran, was ich ertragen musste.

Die stummen Vorwürfe meiner Mutter, ihr verschlossenes Gesicht und das nach vorn geschobene Kinn. Mein Kind, in deiner Position äußert man seine Meinung nicht. Dein Vater und ich denken außerdem, dass es eine gute Entscheidung ist. Die Distanziertheit meines Vaters. Fabienne, du bist eine potenzielle Erbin, das verlangt, dass man sich auch entsprechend verhält. Der Appetit kommt beim Essen. Die Liebe kommt, wenn man zusammenlebt. So seine Worte.

Und dann er.

Seine Arroganz.

Seine Machenschaften.

Die Manie, den Kilometerzähler des BMW zu überprüfen. Darf man vielleicht erfahren, wo du heute warst? Und wie lange du unterwegs warst vielleicht auch noch? Und mit wem?

Und ihn dann schließlich zu sehen, wie er sich auf anderen Frauen herumwälzt, wenn er zu viel getrunken hat …

Ich habe nie erfahren, wer die Videokassetten geschickt hat.

Sie kamen eines Tages mit der Post, als er in Paris war und ich im Ferienhaus in Hyères. Sie waren an mich adressiert. Ich bestellte damals so viele Dinge, dass ich erst mal keine große Notiz von ihnen genommen habe. Als ich mich am Nachmittag langweilte, schob ich sie in den Videorekorder.

Noch nie habe ich eine so tiefe Abscheu empfunden. Abgründe taten sich vor mir auf, und als ich glaubte, ganz unten angekommen zu sein, war der Boden schmierig und glitschig.

All diese Mädchen. Dazu die auf dem Bildschirm vermerkten Daten. Manche von ihnen waren so jung. Polinnen, Rumäninnen, Ostdeutsche. Betrunken. So betrunken. Und er. Was er mit ihnen anstellte. Ich will nicht mehr daran denken.

Ich schüttele den Kopf.

Ich will sie aus meinem Gedächtnis verbannen.

Möchten Sie einen Kaffee trinken?

Ich brauche einen Augenblick, um zu reagieren. Das Mädchen ist noch da, es lächelt mich freundlich an. Nein, sie war gewiss keine von denen.

Die Kinder sind wieder zu uns zurückgekommen. Sie essen ihre Nachmittagskekse. Hannah bringt ihnen bei, wie man auf Deutsch zählt.

Es ist lange her, das Ganze.

Vor zehn Jahren war es, das Ganze.

Ich bin sechsunddreißig Jahre alt, ich habe zwei Kinder, ich habe mein Studium wieder aufgenommen, ich habe Arbeit gefunden, ich bin ausgeglichen, ich bin eine freundliche Frau.

Wenn ich daran denke, welchem Leben ich entkommen bin. Mir kommen beinahe die Tränen vor Dankbarkeit. Nur weil wir gerade an jenem Tag ein Leck in einer Wasserleitung hatten und weil er vorbeikam, um nachzusehen, ob die Handwerker es gefunden hatten.

Nur deshalb.

Ich hätte niemals für möglich gehalten, welche Kraft in mir steckt. Die Herausforderung annehmen. Die Scheidung durchziehen. Mich für immer von meiner Familie lossagen. Und neu anfangen. Alles neu anfangen.

Man muss Vertrauen haben, Hannah. In was denn? Ich weiß es nicht. In die Überraschungen des Lebens. Das verstehe ich nicht. Sie sind ja auch erst sechsundzwanzig Jahre alt, Hannah. Sie machen sich nicht klar, was in Ihnen steckt. Genau, das machen Sie sich einfach nicht klar.

Vincent Decaze

Ich sehe Hannah zu, wie sie schläft.

Ich sehe die Straße hinunter.

Ich sehe die Wipfel der Bäume, die sich sanft im Wind wiegen.

Ich sehe die Nachbarn, ein Ehepaar mit zwei Kindern – ein etwa vierzehnjähriges Mädchen und ein etwa sechzehn Jahre alter Junge –, die ihre Koffer packen. Der Vater wirkt eingeschnappt und geht seinen Sprösslingen aus dem Weg. Ich höre ihre Stimmen: Christophe, hast du Evas Radio genommen?

Ich frage mich, ob wir in zehn Jahren auch so sein werden.

Ich kurve gerade ziemlich haltlos durch dichte Nebelfelder.

Ich habe gerade die größte Wendung in meinem Leben vollzogen.

Eine echte Kehrtwendung.

Ich weiß noch nicht, ob ich es wirklich schaffe.

Ich befinde mich im Blindflug.

Und wir sitzen zu zweit in dem schnittigen Cabrio.

Gewiss, seit einiger Zeit lief alles nicht mehr so wirklich gut. Gewiss, nach zehn Jahren Beziehung war eine Art Routine eingekehrt, es gab Eifersuchtsanfälle, man saß schmollend im Sofaeck, Türen wurden geschlagen.

Gewiss, ich wachte morgens auf, gequält von existenziellen Fragen, die ich mit einer Handbewegung zu verscheuchen suchte. Eine Arbeit, die mir nur halb gefällt, eine bessere Hälfte, die mich nicht mehr rundum glücklich macht, eine Wohnung, die ihren Bewohnern allmählich die Luft zum Atmen nimmt.

Wir hatten sogar darüber gesprochen.

Eine schwierige Phase.

Viel Arbeit im Augenblick, keine Zeit für Ferien, ungeduldige Kunden, der Tod des Schwiegervaters, Freunde, die uns übel mitgespielt haben, der klassische Lauf der Dinge.

So unglaublich klassisch.

Und genau das ist das eigentliche Problem.

Eines Abends kommt man nach Hause. Man legt die Jacke aufs Sofa. Man schaltet den Fernseher ein, man sinkt in einen Sessel, und mit einem Schlag überfällt einen dieser Satz samt einer vertrauten Migräne hinter der linken Schläfe.

Was tue ich hier eigentlich?

Man lässt den Blick durch das Wohnzimmer schweifen, die Einrichtung von Habitat, dazu ein paar Tupfer Ikea, die hochwertige Stereoanlage, die Kleidungsstücke an den Haken im Flur, und all das hat nichts mit dem zu tun, wovon man einmal geträumt hat.

Man stellt sich stattdessen eine Altbauwohnung und Möbel mit Patina vor. Eine unterschwellige Revolte.

Und hier ist nichts von alledem.

Dann fahren Sie in die Ferien.

Allein.

Und am dritten Tag liegen Sie morgens am Strand, und dieses Mädchen beobachtet Sie.

Sie lächeln sie an.

Sonderbar.

Mädchen anlächeln ist irreal geworden.

Sozusagen unmöglich geworden.

Mädchen gehören nicht in Ihr Leben.

Kurz darauf kommt sie näher.

Sie spricht ein furchtbar schlechtes Französisch.

Sie sucht ein Café, wo sie frühstücken kann, denn sie hatte heute Morgen keine Lust darauf, ihre Familie in dem Ferienhaus zu ertragen, und jetzt stirbt sie vor Hunger.

Sie spüren, wie Ihnen ein Lächeln auf die Lippen gleitet.

Es ist mehr als ein Lächeln.

So fühlt sich Entspannung an.

Später fragt sie: Sind Sie allein hierhergekommen? Sie nicken. Sie hakt nach.

Ledig?

Wenn man so will.

Aha!

Sagen wir, getrennt lebend.

Wie bitte? Das habe ich nicht verstanden.

Fast getrennt.

Wie ich. Mein Verlobter wird gerade ziemlich schwierig. Er wird ... wie heißt es noch, zu einem Vollidioten.

Jetzt müssen Sie laut lachen. Und Sie fügen hinzu: Ich habe das gleiche Problem.

Mit Ihrer Frau?

Nein, mit meinem Freund.

Wie bitte? Ich glaube, ich habe das nicht richtig verstanden.

Ich glaube doch.

Dann herrscht lange Schweigen.

Es gibt noch viele Momente des Schweigens am Strand auf den Felsen, im Wald, im Café. Viele lange Momente des Schweigens bis zu der Frage.

Vincent ... du ... würdest du eigentlich mit jemandem schlafen?

Mit einem Mädchen?

Ja.

Ich weiß es nicht.

Wie, du weißt es nicht?

Ich hab's noch nie versucht.

Echt?

Zwei Wochen.

Dann mussten wir Überzeugungsarbeit bei Onkel Otto und Tante Geneviève leisten. Wir mussten beruhigen und vor allem standhaft bleiben. Wir mussten daran erinnern, dass Hannah sechsundzwanzig Jahre alt ist. Wir mussten die Krallen zeigen. Wir mussten drohen, weil man uns drohte.

Und dann haben sie nachgegeben.

Jetzt sind wir hier, zwischen allen Fronten.

Der August neigt sich dem Ende zu. Meine Ferien ebenfalls. Hannah versucht, sich Paris vorzustellen.

Ich telefoniere hierhin und dorthin, um in Erfahrung zu bringen, wer uns eine Wohnung überlassen könnte, aber alle Türen gehen zu.

Die Gemeinschaft schließt dich aus.

Du hast gegen die Regeln verstoßen.

Du hast etwas getan, das nicht mehr wiedergutzumachen ist.

Sie schlagen sich alle auf Philippes Seite und wollen ihm Gerechtigkeit widerfahren lassen.

Bis auf eine.

Line.

Seine Mutter.

Line hat heute Morgen angerufen. Sie fährt mit ihrem neuen Freund für eine Weile ins Burgund und überlässt uns ihre Dreizimmerwohnung in Val de Murigny. Sie wünscht uns viel Glück.

Da musste ich sie einfach fragen, warum.

Sie antwortete: Du warst damals der Auslöser für mich, mein Leben zu ändern. Dabei möchte ich dir jetzt ebenfalls behilflich sein.

Die Nachbarn sind abgefahren.

Hannah seufzt im Schlaf.

Ich weiß nicht, wohin mein Weg mich führt, aber mein Herz hüpft vor Freude und möchte beinahe zerspringen.

Das habe ich seit Jahren nicht verspürt.

**Arromanches
Calvados
2002**

Eva Courtine

Ich hatte gesagt, niemals wieder.

Es ist mindestens fünf oder sechs Jahre her, dass ich mich aus dem Staub gemacht habe. Rechnet nicht mit mir an Heiligabend und Silvester, nicht am Ostermontag und auch nicht in den großen Ferien. Ich komme dann bei euch vorbei, wann es mir passt und ich Lust darauf habe. Mir reicht's mit der Familie.

Erstaunlicherweise haben sie es eher ruhig aufgenommen.

Es hat mich sogar ein ganz klein wenig verletzt, wie ruhig.

Ich bin schließlich ihre Tochter, trotz allem.

Und nun, peng.

Hier bin ich wieder, so wie früher als Kind.

In den Ferien mit meinen Eltern.

Mit vierundzwanzig Jahren.

Die verlorene Tochter, die alles in den Sand gesetzt hat.

Ich hatte nur noch die Wahl, mitfahren oder auf der Straße stehen.

Der krönende Abschluss eines furchtbaren Jahres.

Sitzen gelassen von meinem Freund, mit dem ich zwei Jahre zusammen war. Er lebt jetzt mit einer anderen Frau zusammen, die von ihm schwanger ist, und zwar schon im sechsten Monat. Kein Geld mehr, um die Wohnung zu bezahlen, und schließlich eine so tiefe Niedergeschlagenheit, dass ich auch noch das Staatsexamen fürs Lehramt vermasselt habe.

Zu guter Letzt gefeuert aus meinem bequemen Job als Aufsichtsperson in einer Schule, den ich seit fünf Jahren hatte.

Mit einem Schlag war alles dahin.

Ich habe eine Liste all meiner Besitztümer erstellt.

Ein breites Bett aus Kiefernholz.

Scheußlich.

Eine Laserdisc und die gesamten Aufnahmen von Björk sowie den Sugarcubes.

Ein Tintenstrahldrucker ohne Computer.

Ein kleiner Kühlschrank, sechzig Zentimeter hoch.

Und ein Sessel.

Zugegeben, der Sessel gehörte ursprünglich meinen Eltern.

Daraufhin tauchte ich eines Abends ohne Vorwarnung vor dem kleinen Haus in der Banlieue auf. Es war dunkel ich habe geklingelt, sie haben geöffnet. Sie haben nicht viel gesagt. Ich hatte mit Geschrei, Beschimpfungen, Vorwürfen, Fatwas gerechnet, aber es gab nur lange Phasen des Schweigens und höfliche Wortwechsel.

Mein Vater und meine Mutter pflegen einen höflichen Umgangston miteinander. Sehr zivilisiert.

Seit wir das Haus verlassen haben, Christophe und ich, lebt jeder von ihnen sein Leben, sie haben einen Nichtangriffspakt miteinander geschlossen.

Das Leben verläuft in ruhigen und friedlichen Bahnen.

Manchmal lächeln sie einander sogar an.

Ich erkenne sie nicht wieder.

Jetzt lebe ich schon seit drei Monaten bei ihnen.

Im September werde ich sie erneut verlassen. Ich habe eine neue Arbeit bei der Handelskette FNAC gefunden.

Im Lager. Nichts Großartiges, aber immerhin. Es ist ein Anfang.

Ich beginne ein neues Leben.

Darauf verstehe ich mich sehr gut.

Ein neues Leben beginnen.

Stein um Stein, Fuge um Fuge, Fliese um Fliese.

Ich hätte Maurermeisterin werden sollen.

Als sie mich dann fragten, ob ich allein hierbleiben wolle, in dem kleinen Häuschen in der Banlieue, oder ob ich mit ihnen und ihren Freunden in die Normandie fahren wolle, lehnte ich erst ab. Nein danke, ich werde in Paris bleiben.

Aber am nächsten Tag hatte ich meine Meinung geändert.

Die Aussicht, im August hier in der Banlieue festzusitzen, erschien mir schlimmer als alles andere.

Ich habe ihre Freunde kennengelernt.

Ich wusste nicht einmal, dass sie welche hatten. Freunde, meine ich.

Auch das ist neu.

Familie Veriniani, sie sind Kollegen aus dem Büro. Sie haben eine Zeit lang im Südosten gelebt, bevor sie nach Paris zogen. Die Verinianis und ihr Sohn Léo, der vier oder fünf Jahre jünger sein muss als ich. Er gehört zu dem Typ Junge, der spät selbstständig wird und lange am Rockzipfel der Eltern hängt. Widersprüchlich. Unreif. Abgesehen davon freundlich.

Familie Decaze – Vincent und Hannah mit ihren Zwillingen. Sie finde ich ganz sympathisch. Etwas blass, aber sympathisch. Offenbar haben sie sich in den Ferien in Perros-Guirec kennengelernt und hatten das Haus gegenüber von unserem gemietet. Ich kann mich aber gar nicht daran erinnern. Im Jahr darauf haben sie es wieder gemietet, aber da war ich in England, um in Basingstoke Englisch zu lernen, und zwar in einer debilen Gastfamilie, die mich sicher in abscheulicher Erinnerung behalten hat. Bis auf den Sohn. Mmmh, bis auf den Sohn. Matthew. Nun, das erwähne ich nur, um zu erklären, dass sie sich im Jahr darauf offenbar mit meinen Eltern anfreundeten. Sie haben sich auch in Paris getroffen, und nach und nach wurden sie zu Freunden des Hauses. Die beiden sind jetzt auch schon zehn Jahre zusammen, aber sie wirken immer noch wie ein frisch verheiratetes Paar. Sie können sich über Kleinigkeiten halb totlachen.

Und schließlich ist da noch der nette Neue der ganzen

Bande: Julien Cami. Achtunddreißig Jahre alt. Gut aussehender Kerl. Ein klein wenig undurchsichtig.

Arbeitet mit Vater Decaze zusammen, wie es scheint.

Ich nehme an, dass er im letzten Augenblick eingeladen worden ist.

Dass er für mich ausgeguckt worden ist.

Das arme Kind, sie ist ganz allein, sie braucht ein wenig Beschäftigung.

Das Kind versteht es allerdings sehr gut, sich selbst zu beschäftigen.

Sie unterhält sich mit der Eigentümerin des Hauses, mit Maud.

Fünfundsechzig Jahre alt.

Witwe.

Strotzt nur so vor Gesundheit.

Sie vermietet das Haus während der Ferien, um es den Rest des Jahres über in Schuss halten zu können. Ein Erbe von der Familie ihres Ehemanns. Drei Etagen, auf jeder Etage eine vollständig eingerichtete Wohnung. Ein Wahnsinn.

Sie selbst wohnt während des Sommers im Erdgeschoss.

Sie huscht unauffällig wie ein Schatten durch den Garten.

Sie hält sich im Hintergrund.

Ich war diejenige, die den Kontakt gesucht hat.

Ich habe sie gebeten, mir einen Kaffee anzubieten.

Ich musste mit jemandem reden.

Über alles.

Und im Kreis dieser drei Familien zu reden, das war schlicht unmöglich.

Aus allen Ecken tönt es in einer Tour, es dauert Stunden, bis man sich endlich auf den Weg zum Strand macht, am Abend wird über Grillwerkzeug und Geldanlagen gesprochen, es werden Anekdoten aus dem Büro erzählt, es werden alberne Vertraulichkeiten aus den Partnerschaften zum Besten gegeben, man ist eben auf den Autobahnen der Konversation unterwegs – Sternzeichen, Déjà-vu-Erlebnisse, Biokinese, Feng-Shui, Internet.

Lärm.

All dieser Lärm.

Maud hat mir zugehört.

Ohne zu lächeln. Ohne zu seufzen. Ohne etwas anderes dabei zu tun.

Am nächsten Tag bin ich wieder zu ihr gegangen.

Am dritten Tag hat sie ein Fotoalbum aufgeschlagen.

Sie hat erzählt.

Und darüber habe ich meine eigene Geschichte beinahe vergessen.

Julien Cami

Es ist komisch, hier zu sein. Hätte man mir vor drei Monaten gesagt, dass ich meine Ferien mit Leuten verbringen werde, die ich kaum kenne, hätte ich vermutlich nur laut gelacht. Es hat ein bisschen etwas von diesen Lückenbüßer-Freunden, die man von Zeit zu Zeit hat, um die leeren Abende auf seinem Kalender zu füllen. Du möchtest gern den Mut haben, Nein zu sagen, nein, heute Abend bleibe ich zu Hause, ich lese oder sehe mir einen Film an, aber du bist niemals besonders mutig gewesen. Also wählst du einen von diesen Lückenbüßern aus, er freut sich einen Ast ab, dass die Wahl auf ihn gefallen ist, und du verbringst den Abend damit, dich zu fragen, was dich geritten hat, einen solchen Blödmann auszusuchen.

Ich verbringe meine Ferien mit Lückenbüßern.

Vincent Decaze, mein Vorgesetzter, seine Frau und ihre Kinder – unerträglich alle miteinander. Lebensfroh, immerzu am Lächeln, die ideale Fernsehwerbung für Milchprodukte. In Watte gepackt.

Verhätschelt, verwöhnt. Ich stelle mir das fröhliche Beisammensein während eines sich spontan ergebenden Festes bei den Alten vor, die Trivialität der Beziehungen, das gleiche Milieu, die gleichen Ziele, die gleichen Vorlieben.

Bei der Arbeit ist Decaze genauso. Unerträglich mit seiner Lebensfreude. Ganz schnell packt dich die Lust, ihm ins Gesicht zu schlagen. Und du träumst davon, dass ihm scheußliche Dinge zustoßen wie ein Autounfall, ein Mord, eine Vergewaltigung. Es gibt solche Leute, die einfach deinen Hass schüren.

Nur, man ist nicht gezwungen, seine Ferien mit ihnen zu verbringen, das muss ich zugeben.

Und außerdem – sie sind nicht die Schlimmsten.

Familie Courtine. Ein wahres Gedicht. Er, er ist so plump mit seinen abgedroschenen Witzen und seinen armseligen Gedanken. Und sie, sie ist keinen Deut besser mit ihrem Tupperware-Fimmel und ihrer Besessenheit für andere Haushaltsprodukte. Bei diesen beiden konnte nun wahrlich nichts Großartiges herauskommen. Und genau das stellt ihre Tochter auch unter Beweis. Vierundzwanzig Jahre alt und wirkt wie fünfzehn. Vollkommen gehirnamputiert, die Ärmste. Außerdem merke ich genau, dass sie es gut fände, wenn sich etwas zwischen uns beiden anbahnen würde. Sie passt immer höllisch auf, dass sie mir nicht über den Weg läuft, und hält am Strand besonders großen Abstand zu meinem Handtuch. Armes Mädchen! Solche wie dich habe ich schon tonnenweise gehabt, also kannst du dich ruhig auch noch einreihen.

Das andere Paar, die Verinianis, die lassen mich weitgehend in Ruhe. Es ist, als wäre ich Luft für sie. Sie beäugen mich hin und wieder etwas misstrauisch, aber nun gut, das mache ich vermutlich auch. Also steht es unentschieden, der Ball liegt wieder am Anstoß. Ihr Sprössling hingegen ist genauso dämlich, wie er aussieht. Und überall muss er aufkreuzen und dann auch noch zu allem und jedem seinen Senf dazugeben. Zum Glück fahren ihm die anderen schon über den Mund, sonst würde ich wegen dieses Kleinkindes noch vollkommen ausrasten. Ich kann mich wirklich nicht daran erinnern, dass ich mit zwanzig so dämlich war.

Zugegeben, ich habe Dummheiten gemacht, das schon, aber im Grunde wusste ich trotzdem bereits, wie es im Leben zugeht.

Dieser Bursche sollte einmal in die Disco gehen, ordentlich bechern und Joints rauchen, anstatt in den Ferien hier mit diesen verknöcherten Alten herumzugammeln.

Die kleine Courtine, das verstehe ich ja noch, sie schielt zu mir herüber, sie wartet darauf, dass etwas geschieht, aber er, warum hängt er denn den ganzen Tag lang wie eine Klette an uns dran?

Vielleicht ist er schwul, wer weiß. Und wenn schon, mir ist das egal, solange er sich nicht an mich heranmacht.

Also, ich frage mich wirklich, warum ich hier herumlungere.

Im Übrigen glaube ich nicht, dass ich lange bleiben werde. Aber bevor ich verschwinde, muss ich der alten Schnalle, die das Haus vermietet, noch zwei, drei wertvolle Gegenstände klauen. Noch so eine Spießerin, die niemals erfahren hat, was es heißt, nichts zu haben.

Nicht, dass ich allzu große Erfahrungen mit Armut habe, aber ich ertrage einfach Leute nicht, die im Geld schwimmen. Du spürst förmlich, dass sie sich keine Mühe geben müssen. Und was Mühe bedeutet, das weiß ich sehr gut. Ganz unten anfangen müssen, die Leiter Stufe für Stufe emporklettern. Zuerst als Bäckerlehrling. Um drei Uhr morgens aufstehen, den Tag über schuften wie ein Verrückter, und kaum bist du aus der Disco zurück, gehst du schon wieder zur Arbeit. Die Backenzähne umspült noch der *Malibu*-Rum, da steigen dir schon wieder die Gerüche der Backstube in die Nase.

Später dann eine Ungerechtigkeit, und peng! Du sitzt im Knast. Okay, nicht furchtbar lang, aber doch so lang, dass niemand mehr etwas von dir wissen will, weder deine Familie, noch dein Chef. Deine Freunde verdrücken sich. Und du musst wieder ganz von vorn anfangen. Die Berufsschule, die Fortbildungen vom Arbeitsamt – Wiedereingliederung heißt das, ach wie schön! Oha, er ist ja gar nicht so blöd wie gedacht, man könnte ihm vielleicht tatsächlich etwas beibringen, so was wie Buchhaltung, wie wär's denn damit? Spinnst du? Er ist schließlich vorbestraft. Jaaa, aber das sähe dann immerhin so aus, als würden wir uns auch um die von der Gesellschaft Ausgegrenzten kümmern. Und außerdem ist er doch ganz niedlich, oder etwa nicht? Klar, was denkst du denn! Ich habe auch schon Jocelyne von ihm erzählt, er sieht supersüß aus mit seinem Engelsgesicht. Na schön, einverstanden, wir geben ihm eine Fortbildung.

Ich bin nicht von gestern. Ich weiß, warum ich es da wieder herausgeschafft habe. Weil ich ziemlich clever bin, weil ich einen auf Weichei mache und so dreinschaue, als könnte ich kein Wässerchen trüben. Ich hätte in jede Boygroup, in jede Telenovela gepasst, ich hätte als Animateur funktioniert und sogar das Zeug für einen Brad Pitt gehabt. Geworden bin ich Buchhalter.

Aber ich besuche weiterhin Abendkurse, um doch noch ein Star zu werden.

Wenn ich sie alle so betrachte an ihrem Scheißtisch, um »draußen Abend zu essen«, mit ihrem blödsinnigen Grill, dann würde ich manchmal am liebsten kotzen. Ich denke an diejenigen, die mit mir abgestürzt sind. Diejenigen, die noch immer im Knast sitzen. Diejenigen, die wieder draußen sind. Und diejenigen, die dort geblieben sind.

Mein bester Freund, Benoît, ist dort geblieben. Er hat sich in seiner Zelle erhängt, zwei Monate nach dem Prozess. Er hat es nicht ausgehalten. Ich muss dazu sagen, dass wir alle ihn belastet haben.

Aber es ging auch um Leben und Tod. Einer muss sich opfern, damit die anderen etwas schneller wieder aus diesem Schlamassel herauskommen, das hat mein Anwalt mir immer wieder eingetrichtert. Aber Benoît, der wollte keinen Anwalt nehmen. Er sagte, das seien alles Wichser. Es sind Wichser, ja klar, aber Wichser, die sich mit der

Rechtsprechung gut auskennen. Und das ist manchmal ganz schön nützlich.

Aber Benoît hat das einfach nicht verstanden.

Wir sind alle vier auf der Anklagebank gelandet. Er, er machte total auf Angeber, zwinkerte uns die ganze Zeit zu und redete Blödsinn. Aber ich hatte alles im Fernsehen mitverfolgt, die Horde von Journalisten und das unglaubliche Aufsehen, das dieser ganze Schwachsinn erregt hatte. Also trug ich mein reumütigstes Gesicht zur Schau, ganz nach der Art »Ich bereue alles zutiefst, wenn Sie nur wüssten, wie unendlich ich alles bereue«. Die beiden anderen machten es genauso, das war eindeutig. Sie hatten nämlich auch Anwälte genommen.

Selbst als der Vater der Kleinen vor Gericht aussagte, machte Benoît mit seinen dummen Sprüchen weiter. Es hätte nicht viel gefehlt, und er hätte behauptet, dass im Grunde er, der Vater, schuld sei, dass dieser nur besser auf seine Tochter hätte aufpassen müssen und dass er selbst eigentlich nichts damit zu tun habe.

Genau das Gleiche hatte ich anfangs auch sagen wollen, aber mein Anwalt erklärte mir in aller Deutlichkeit, dass die Beweislage erdrückend war. Dass wir ganz darauf setzen mussten, Reue zu zeigen. Der Alkohol, die Drogen, ein Spiel, das aus dem Ruder lief, und danach die Reue.

Benoît hat dann nicht verstanden, warum einer nach dem anderen von uns ihn beschuldigte. Es war zudem leicht, ihn zu beschuldigen. Weil schließlich er der Freund von Sabrina war. Weil er derjenige war, der sie uns vorgestellt hatte. Weil er der größte Raufbold war, der seine Gegner stets mit aller Verbissenheit anging.

Also sagten wir aus, er habe den ganzen Abend genau so geplant gehabt, er habe von vornherein beabsichtigt, dass wir alle vier sie vergewaltigen würden, wir anderen hätten aber nicht Bescheid gewusst. Wir hätten uns mitreißen lassen, keiner wollte aus der Gruppe ausscheren und kneifen, so ungefähr schilderten wir es. Und dass wir dann aufhören wollten, dass wir uns immer schlechter dabei fühlten, aber er habe davon gefaselt, dass es keinen lästigen Zeugen geben dürfe usw., und er habe uns richtig aufgestachelt. Und dass er derjenige war, der sie dann tatsächlich totschlug.

Es lief alles wie geschmiert mit dieser Geschichte. Sie klang absolut wahrhaftig. Sogar wir selbst glaubten allmählich daran.

Benoît aber, der war so überrascht davon, dass er ganz blass wurde. Er war zu keiner Antwort fähig. Und der Pflichtverteidiger auch nicht. Er begann, zu schwitzen, zu stammeln und sich in Widersprüche zu verstricken. Und so bekam Benoît lebenslänglich. Und wir anderen zwischen fünf und zehn Jahren.

Ich bekam fünf Jahre. Einen kleinen Straferlass wegen guter Führung gab es dann auch noch. Also vier Jahre in der Hölle.

Da war Schluss mit lustig, ich bin nie wieder richtig in die Spur gekommen.

Ich verabscheue all diejenigen, die keine Ahnung davon haben.

Ich verabscheue sie, und ich verachte sie.

Wie die hier, mit ihren lächerlichen Problemen und ihrer Verärgerung über die alte Schachtel, die sie nicht in Ruhe lässt. Mit ihrem vertrauensseligen Gesäusel und ihrer dämlichen Höflichkeit.

Ich kann auch Benoîts Selbstmord nie ganz vergessen. An das Mädchen, an das denke ich nicht so sehr. Ich war es außerdem nicht allein. Ich stand unter Einfluss. Das hat der Richter schließlich gesagt.

Es gibt keinen Grund, warum ich ihm nicht glauben sollte.

Léo Veriniani

Ich beobachte ihr Leben und verliere mich darin.

Ich finde sie so traurig.

Allesamt.

Rührend und traurig.

Also versuche ich, sie abzulenken. Ich mische mich in ihre Unterhaltungen ein und gebe meine Meinung zum Besten. Halt, nein, eigentlich nicht meine Meinung. Vielmehr die Meinung, die sie von einem neunzehnjährigen Burschen erwarten, der noch keinerlei Lebenserfahrung besitzt. Die Meinung der Jugend.

Die Jugend hat gesagt, dass. Die Jugend denkt, dass. Ich nerve sie. Ich rege sie auf, aber ich gebe ihnen dafür die Möglichkeit, sich abends, beim Zubettgehen, zu sagen: So muss ich auch einmal gewesen sein, als ich jung war. Meine Güte, bin ich froh, älter geworden zu sein, ich bin so viel reifer geworden, ich weiß, wovon ich spreche, ich bin ausgeglichen, glücklich, ich bin ein netter Mensch.

Dafür bin ich zuständig.

Ich bin für sie da.

Daran bin ich gewöhnt.

Das ist auch meine Rolle zu Hause. Ich bin der normale Sohn eines normalen Ehepaares, das seinen ganz normalen Platz in der menschlichen Gemeinschaft einnimmt.

Das wäre ich tatsächlich gern.

Ein normaler Mensch.

Nicht zwangsläufig ein umwerfend sympathischer oder aufrichtiger Mensch. Einfach nur ein Mensch wie die anderen auch.

Der Brief kam erst vor ein paar Monaten.

Die Briefe.

Alle enthielten Zusagen.

Zusagen, und darüber hinaus Liebeserklärungen, Liebeserklärungen, wie sie Virginie manchmal macht.

Wie bereits telefonisch besprochen, ist es uns ein Vergnügen, Ihnen usw. usw.

Und dann die ganzen Telefonanrufe unmittelbar vor den Ferien.

Sehr interessiert an Ihrem Roman, bla bla bla … auch eine Verfilmung ist möglich, Kontakt in die USA, könnten Sie sich auch vorstellen, ein Drehbuch zu verfassen?

Ja.

Und dann erneut der Herausgeber.

Sind ganz begeistert vom zweiten Roman, den Sie uns geschickt haben. Wir möchten gern Ihre weitere Karriere mit Ihnen besprechen.

Ein Treffen?

Ja.

Ich sage zu allem Ja.

Ja. Sehr glücklich.

Und wenn sie mich dann treffen, sind sie diejenigen, die verschüchtert sind.

Ich bin neunzehn Jahre alt, und zwei oder drei Aknepickel wollen noch immer nicht verschwinden. Ich trage eine Teddy-Smith-Jacke, eine Hansen-Tasche und eine DKNY-Hose.

Ich sehe aus wie ihre Kinder.

Sie werfen einen kurzen Blick auf den Einband des Manuskripts.

Vierhundert dicht beschriebene Seiten.

Helden, die um die vierzig sind, und Fragen, die sich etwa Vierzigjährige stellen.

Was kann ich ihnen sagen?

Ich hatte niemals Lust, über meine Generation zu schreiben. Ich lebe in ihr, das reicht mir.

Ich bin nicht in der Lage, sie zu studieren. Die Erwachsenen hingegen, die werde ich nie müde zu studieren. Das Beben ihrer Lippen im Augenblick der Lüge. Das leichte Zittern ihres Kinns, wenn die Gefühle sie übermannen. Die Dissonanzen. Die Missverständnisse. Sie hallen in mir wider. Es ist ein immerwährendes Glockenspiel verletzter Leben. Bei mir finden sie Gehör. Ich kann mir das nicht erklären. Es ist eben so, ganz einfach.

Und dann, als sie sich endlich von ihrer Überraschung erholt haben, als sie sich endlich vergewissert haben, dass ich tatsächlich der Autor dessen bin, was der »beste

Roman des Jahrzehnts« sein wird, bricht Euphorie aus. Schnell, her mit dem Handy, schnell, her mit der Presse, schnell, her mit dem Kontakt zum Fernsehen, schnell, her mit dem Genie, schnell, her mit den Persönlichkeiten der Stadt. Schnell, alle Schritte in die Wege leiten, um noch in die Auswahl für den Prix Goncourt zu kommen. Es winken rekordverdächtige Verkaufszahlen, wenn Sie mitspielen.

Ich werde mitspielen.

Ich bin daran gewöhnt.

Und was ist mit Ihren Eltern? Ihren Freunden? Wie gehen sie damit um?

Sie wissen nichts.

Wie?

Sie sind nicht auf dem Laufenden.

Aha?

Schweigen.

Ich sehe sie vor mir, die Herausgeber, die Lektoren, die Journalisten, die Filmleute. Für einen kurzen Augenblick werden sie nachdenklich. Sie trauern vergangenen Möglichkeiten nach. Als ich in diesem Alter war, konnte ich da vielleicht nicht auch ... hätte ich vielleicht nicht auch ... wann habe ich es eigentlich aufgegeben ... ich hatte doch wirklich Talent ... in der Abschlussklasse habe ich eine Geschichte geschrieben ... sie hat damals in der ganzen Schule für Aufsehen gesorgt.

Für einen kurzen Augenblick verabscheuen sie mich. Durch mich treten ihre einstigen Verwerfungen und

Brüche zutage. Dann sehen sie in meinem Blick das Mitgefühl. Und das versetzt ihnen den Todesstoß. In ein paar Jahren, da werden sie mich in Stücke reißen, da werden sie mich vernichten. Aber im Augenblick können sie das nicht.

Sie können nicht anders, als mir huldigen.

Und den Kopf einziehen.

Die Bombe wird in zwei Wochen hochgehen. Die Veröffentlichung des ersten Romans ist für den ersten September vorgesehen. Das erste Fernsehinterview für den achten. Und danach geht es Schlag auf Schlag.

Dabei möchte ich so gern ganz normal sein.

Ich möchte so gern der schmachtende und ungeschickte Liebhaber von Eva Courtine sein, die mich zurückweisen und demütigen würde, weil sie mich zu jung, zu dumm, zu unreif fände.

Ich möchte so gern einmal Liebeskummer haben.

Ich möchte so gern voller Bewunderung zu Julien Cami mit seinem Gehabe als Jungstar aufschauen.

Ich möchte so gern von Familie Decaze adoptiert werden und mit Vater Decaze zum Angeln gehen. Und ihm mit offenem Mund zuhören, wenn er mir von seinem Weg und seinem Wandel bezüglich seiner Geschlechtervorliebe erzählt, dem Schritt weg von Heimlichkeiten im Hotel und hin zum Traualtar.

Ich kenne sie bereits alle, ihre Romane. Ich habe ihr Schweigen und ihr Geschrei gehört, ich habe bemerkt, wie sie erröteten oder blass wurden, ich habe ihre Abwege und Ausflüchte erraten.

Schon nach ein paar Tagen zeichnen sich ihre Geschichten in klaren und deutlichen Linien ab, die Grundstimmung ist rau, die Verletzungen sitzen tief.

Ich muss nur noch ihre Namen ändern.

Und dann warte ich darauf, dass sie mich verabscheuen.

Ich habe kein Pseudonym gewählt.

Es gibt nur eine Geschichte, die ich nicht erzählen werde.

Weil mir dazu die Worte fehlen.

Weil ich jedes Mal, wenn ich daran denke, zu spüren glaube, dass ich noch ein Stück Weg zurücklegen muss, um in der Lage zu sein, sie in Worte zu fassen.

Ich sehe Sie an, Maud.

Ich versinke in Ihren Augen, Maud.

In ihnen tun sich die Tiefen der Sanftmut auf.

Sie, Maud, Sie sind die Hauptfigur meiner zukünftigen Romane.

Maud Procureur

Ich habe ihn sofort wiedererkannt.

Nein, das stimmt nicht. Und außerdem klingt es viel zu melodramatisch. Ende des Films, Sonnenuntergang, der Held in der Tür. Die Frau des Helden, die ihn erwartet. Du kommst spät. Die Staus, mein Liebling.

Nichts davon.

Zuerst hatte ich meine Zweifel. Ich hatte den Brief von Familie Decaze erhalten, sie hatten mich angerufen, sie hatten mir die Liste der anreisenden Personen gegeben, wir hatten uns die Raumaufteilung des Hauses zugefaxt und die Namen der Familien, die für zwei Wochen dicht an dicht die Zimmer bewohnen würden.

Die schönste Wohnung habe ich für Familie Courtine vorgesehen. Sie hat eine Terrasse. Hier scheint die Sonne bereits am Morgen herein. Ich weiß nicht, was ich erwartete. Vermutlich so etwas wie Dank. Aber sie gehören nicht zu dem Menschenschlag, der sich bedankt. Sie gehören zu der Art von Mietern, die Menschen wie mich eigentlich nicht gern um sich haben. Sehr reserviert, da-

rauf bedacht, bloß Geschäftliches miteinander zu regeln
– Sie sind die Vermieterin, wir sind die Feriengäste, jeder
lebt in seiner Welt, es gibt keinerlei Berührungspunkte
Aber ich, ich liebe den Kontakt, die im Lauf des Tages
sich ergebenden Wortwechsel, die Vertrautheit. Ich
möchte vergessen, dass sie für den Service bezahlen. Das
ist wahrscheinlich dumm von mir.

Ich denke an Charles. Ich frage mich, was er von meiner
inneren Aufregung halten würde. Er würde sagen: Meine
Liebe, Sie geraten gerade ganz schön ins Schleudern, ich
dachte immer, dass diese Geschichte keinerlei Bedeutung
mehr hätte, dass Sie Hunderte von Männern gehabt hätten, dass die Männer Sie ausgelaugt hätten, dass Sie nur
noch Ruhe wollten. Das stimmt, Charles, das ist vollkommen richtig. Aber ich bin meinen früheren Eroberungen
nie wieder über den Weg gelaufen. Vor allem nicht dieser Eroberung. Und ihren Folgen. Sie werden mir nicht
ernsthaft weismachen wollen, Charles, dass dies ein
Abenteuer wie jedes andere war, Sie haben sich schließlich genauso darauf eingelassen, wie ich mich!
       Ich weiß, was er sagen würde. Er würde sagen: Haben
Sie wenigstens Tristan angerufen?
       Nein.
       Ich habe Tristan nicht angerufen. Vielleicht aus Angst
vielleicht aus Schuldgefühl, vielleicht aus Feigheit. Aber
ich finde, dass er letztlich nicht sehr viel mit der Sache zu
tun hat.
       Und Sie auch nicht, Charles.

Zunächst einmal war das alles deutlich vor Ihrer Zeit, Charles.

Ich weiß, dass Sie ihm ein Dach über dem Kopf gegeben, ihn ernährt, aufgezogen, in gewisser Weise auch geliebt haben, aber Sie hatten Vorbehalte ihm gegenüber, das habe ich immer gespürt. Behaupten Sie nicht das Gegenteil, Charles, Sie waren voller Vorbehalte.

Ich weiß, was Sie antworten würden. Sie würden sagen: Sie sind ungerecht, Maud. Ich habe Sie aufgenommen. Ich habe Ihnen ein Heim, eine Adresse und ein Leben gegeben.

Ich weiß, dass ich ungerecht bin, Charles. Aber nennen wir die Dinge beim Namen. War es für Sie nicht von Vorteil, eine zwanzig Jahre jüngere Frau an Ihrer Seite zu wissen, war das nicht von großem Vorteil für Sie?

Dazu ein Kind, von dem alle Welt glaubte, es sei das Ihre. Es ist verrückt, wie leichtgläubig die Leute etwas hinnehmen, solange das Ganze in ein altbekanntes Schema passt.

Sie, Charles, Sie waren der ewige, unverheiratete Verführer, auf den in jedem Casino eine Frau wartet, der Freibeuter an den Landungsstränden der Normandie. Also wurde diese unglaubliche Geschichte sofort angenommen. Eine über ein paar Jahre geheim gehaltene Eroberung, da diese aus mehr als bescheidenen Verhältnissen stammte. Eine Eroberung, die schließlich selbst zur Eroberin wird, die den seine Freiheit über alles liebenden Mann verführt und ihm ein Kind schenkt. Ein Kind, das während der ersten drei Lebensjahre in der größten Abgeschiedenheit heranwächst, bis der Familienpatriarch stirbt und Sie, Charles, als sein Erbe den Mut aufbringen, Ihre Lebensgefährtin und Ihren Sohn der angeheirateten Familie vorzustellen, die sich inzwischen etwas weniger unnachgiebig zeigt und die Bereitschaft zu verzeihen an den Tag legt.

Ein echtes Märchen. Ein Stoff, der auf die Tränendrüsen drückt. Sie hätten Kitschromane schreiben sollen, Charles, anstatt Ihr Vermögen zu verschleudern.

Sie wissen, dass ich mich von Anfang an nicht habe täuschen lassen.

Ich habe gleich zu Beginn erahnt, dass Sie keine Kinder zeugen können.

Und ich habe durchschaut, dass Sie sich den Regeln der Familie unterworfen haben.

Und vor allem, wie groß Ihr Abscheu vor der Sexualität war.

Anfangs dachte ich, es sei ein Problem, wie sagt man so schön, der sexuellen Orientierung. Deshalb bestand ich immer wieder darauf, dass Sie Arbeitskollegen mit nach Hause zum Essen brachten. Ich wollte herausfinden, welcher Typ Sie erregte, Charles. Aber nein. Es war schlimmer als das. Es war tief in der frühen Kindheit mit all ihren Verboten, all ihren Träumen verwurzelt. Es hätte einer jahrelangen Analyse bedurft. Und eine Analyse haben Sie stets abgelehnt, nicht wahr, Charles? Die Psychiater sind doch selbst alle neben der Spur, stimmt doch, oder?

In den ersten Jahren hat mich das nicht gestört, wie Sie wissen. Es ist richtig, dass die Männer mich ausgelaugt hatten, dass die nur einen Abend währenden Begegnungen mich ausgebrannt und abgestumpft hatten, dass die Arbeit mir zunehmend entglitt, dass ich Tristan von einer Pension in die nächste schleppte wie einen meiner Koffer.

Aber nach einiger Zeit änderte sich etwas, Charles.

Nach fünf oder sechs Jahren war das.

Tristan ging inzwischen zur Schule.

Sie zogen noch immer durch die Casinos, weil Sie einen Ruf zu behaupten hatten. Frauennamen machten die Runde, man sprach von Abenteuern und Eroberungen. Nur ich allein wusste, dass nichts von alldem der Wahrheit entsprach.

Sie fehlten mir.

Ich habe mir niemals einen Geliebten zugelegt, Charles.

Davon hatte ich zu viele gehabt, wie Sie wissen.

In Sie, ja in Sie wollte ich verliebt sein.

Daher rührt wahrscheinlich auch meine Besessenheit. Mein Rückzug. Meine Fotoalben. Die Niederschrift dieser Erinnerungen, die niemand jemals veröffentlichen wird, weil sie niemanden interessieren werden.

Die Geschichte einer Frau, deren Leben mit Anfang dreißig auf den Kopf gestellt wird, als ihr Kind bei einem heftigen Sturm am Strand verschwindet.

Die Geschichte einer Frau, die sich haltlos treiben lässt, sich grell schminkt, immer aufreizendere Kleidung trägt und es darauf anlegt, das Begehren zu wecken.

Die Geschichte einer Schwangeren, die auf niemanden mehr verführerisch wirkt und immer tiefer sinkt, wie Sie so gerne sagten, Charles.

Die Geschichte einer Frau, die Ihnen begegnet, Charles. Und deren Lebensfreude ganz allmählich erlischt, während der Junge sich löst und schließlich nach Amerika aufbricht. Er hat den gleichen Traum wie sein Vater.

Ein Liebesroman. Ein Fortsetzungsroman in einem Provinzblättchen.

Sie haben getobt, als Sie das Manuskript gelesen haben, Charles, erinnern Sie sich noch daran?

Sie haben darüber sogar vergessen, sich dafür zu entschuldigen, in meinen Sachen gewühlt zu haben.

Ich höre Sie heute noch, mein Lieber, in der leeren Empfangshalle: Nicht einmal Ihr Name ist richtig, Sie heißen nicht einmal Maud!

Ich habe verschiedene Namen getragen.

Sie alle sind jeweils mit einem bestimmten Abschnitt meines Lebens verbunden.

Jeder dieser Namen gehört in irgendeiner Weise zu mir.

Ich habe keine wahrhaftige Identität.

Danièle, Natascha, Maud.

Was bedeutet das schon.

Das machte Sie krank, Charles.

Ich verstehe immer noch nicht, warum, Charles. Schließlich wussten Sie ja bereits das Wesentliche, was es zu wissen gab. Ich nehme an, dass Sie es nicht ertragen haben, Ihren eigenen Schwindel in den Augen Ihrer Gattin widergespiegelt zu sehen.

Jedenfalls sind Sie darüber zugrunde gegangen. Im Alter von zweiundachtzig Jahren fand das niemand überraschend.

Seither führe ich den Besitz. Während der Ferien vermiete ich Räume an Gäste. Und in diesem Jahr befindet sich unter den Feriengästen Jean-Michel Courtine.

Ich erinnere mich an seinen jungen, kräftigen Körper. An den Sand auf seinem Rücken. Ich erinnere mich an seine Unerfahrenheit. An seine Hände, die ich nahm, um sie über meinen eigenen Körper zu führen. An seine Zunge, die man im Zaume halten musste. Ich erinnere mich an seine Dankbarkeit.

Ich erinnere mich an den Arzt, der mir lächelnd verkündete, dass ich schwanger sei.

Ich hatte in jenem Sommer mit so vielen Männern geschlafen, wie sollte ich da wissen, welcher der Vater war?

Später habe ich es dann herausgefunden. Je älter Tristan wurde. Er ähnelt mir so wenig.

Bevor der Vater eintraf, habe ich im Treppenaufgang und auf den Treppenabsätzen Fotos unseres Sohnes aufgehängt, aber er schenkte ihnen keine Aufmerksamkeit. Niemand scheint sie betrachtet zu haben, niemand außer seiner Tochter. Eva, die jeden Tag zu mir kommt und sich ein Kapitel meiner Geschichte anhört. Eva, die mich immer wieder fragt, wie ich es schaffe, mein Schicksal zu ertragen, es für mich zu behalten, es nicht in die Welt hinauszuschreien.

Und ich antworte, dass dies letztlich nicht so wichtig ist Tristan ist fast dreißig Jahre alt, für ihn ist Charles sein Vater und kein anderer. Jean-Michel ist fast fünfzig, einen weiteren Sohn kann er nicht brauchen, er hat bereits zwei Kinder. Warum also? Gestern Abend habe ich deshalb auch die Fotos im Treppenaufgang wieder abgenommen

Und macht Ihnen das überhaupt nichts aus?

Was?

Ich weiß nicht. Ihn den ganzen Tag zu sehen, sich daran zu erinnern, dass ... schließlich ist es jemand, mit dem Sie geschlafen haben ... ich nehme doch an, dass man sich erinnert, dass man ...

Das ändert sich mit dem Alter, Eva, das ändert sich sehr.

Nichts entspricht weniger der Wahrheit.

Ich sehe ihn jeden Tag nackt vor mir.

Ich spüre sein Gewicht auf mir.

Und wenn er mir auf der Treppe begegnet und mich murmelnd grüßt, Guten Tag, Madame, dann schwinden mir beinahe die Sinne. Dann breche ich auf der Treppe beinahe weinend zusammen.

Da müssen Sie lachen, Charles, nicht wahr?

Sie haben recht.

Am Ende bin ich zur traurigen Heldin in einem Liebesroman geworden.

Aber Sie müssen dabei auch sehen, dass Sie das alles nie gekannt haben, ein Herz, das schlägt, als wollte es zerspringen, Lungen, die nach Luft ringen, eine Hand, die sich am Treppengeländer festklammert – das alles haben Sie nie gekannt, Charles.

Und das wird mir niemand nehmen können.

Niemand.

Philippe Avril

Auf dem ganzen Weg hierher war ich extrem angespannt, immer wieder überrollte mich tiefe Verzweiflung. Ich dachte nicht, dass es mir so schwerfallen würde, mich aus Paris hinauszubewegen. Es wurde mir klar, dass ich die Hauptstadt seit über zehn Jahren kein einziges Mal verlassen hatte. Und dass mein Leben in diesen zehn Jahren immer nach dem gleichen Muster verlief. Mehr oder weniger belanglose Begegnungen, Hoffnungen und Erwartungen, Enttäuschungen und dann wieder neue Erwartungen. Und dennoch – je älter ich werde, desto schwereloser fühle ich mich. Beinahe schwebend. Ich löse mich von den letzten Bindungen, die mich noch am Boden festgehalten haben.

Meine Mutter hat meinen Vater dann doch nur kurze Zeit überlebt, und sie schauen jetzt, nur einen Steinwurf voneinander entfernt, die Osterglocken von unten an.

Bei ihren Beerdigungen empfand ich nichts weiter als ein Gefühl heillosen Durcheinanders.

Meine letzte Liebesgeschichte endete in einem grandiosen Fiasko. Ich wurde sitzen gelassen und hatte es nicht einmal kommen sehen.

Ich habe nichts dabei empfunden, rein gar nichts.

Genau das, dieses Fehlen von Gefühlen, hat mich verwirrt und lässt mich nun schon seit Tagen kopflos durch die Welt laufen.

Ich bin für nichts mehr empfänglich, für gar nichts mehr.

Ich wandle auf einem schmalen Grat und spüre den Höhenrausch.

Als ich den Anruf von Vincent und Hannah erhielt, habe ich dankend abgelehnt. Vermutlich würde ich leider keine Zeit haben, um für ein Wochenende ans Meer zu fahren. Zu viel Arbeit, zu viele Projekte, zu viel von allem.

Ich bin sicher, Vincent hat nach Beenden des Telefongesprächs gewettet, dass ich doch kommen würde. Ich brauchte lediglich etwas Zeit, um diese neue Möglichkeit in meine aktuellen Pläne einzufügen.

Er hasst Überraschungen, musst du wissen. Du schlägst ihm etwas vor, und du kannst sicher sein, dass er ablehnt. Ein paar Tage später greift er diesen Vorschlag dann wieder auf, als wäre es das Natürlichste der Welt. So wird Vincent geredet haben.

Hannah und Vincent sind meine besten Freunde geworden.

Das hätte ich nie geglaubt.

Aber es gibt so viele Dinge, die ich nie geglaubt hätte.

Ich hätte nie geglaubt, dass ich mit neununddreißig Jahren ledig sein würde, Rundfunkjournalist, militanter

Schwuler, der zwar immer einsamer, aber auch zunehmend stolz und glücklich dabei ist.

Ich hätte nie geglaubt, dass Vincent ein solcher Vorzeige-Hetero werden könnte, Vater von quirligen Zwillingen und unfassbarerweise mit einer Ostdeutschen verheiratet.

Ich hätte nie geglaubt, dass meine Eltern sich scheiden lassen könnten.

Ich hätte nie geglaubt, dass die Menschen, die ich als Kind kannte, verschwinden würden, ohne Spuren zu hinterlassen.

Ich hätte nie geglaubt, dass wir eines Tages nicht mehr nach Capbreton fahren würden und ich nie wieder dorthin zurückkehren würde.

Auf dem Weg in die Normandie denke ich an die Atlantikküste in den Landes.

Im Scheinwerferlicht der entgegenkommenden Autos tauchen Bilder aus früheren Zeiten wieder auf.

Ich erinnere mich, dass ich immer so gern in den »Mickey Mouse Club« gegangen wäre. Ist das nicht seltsam? Noch so viele Jahre später habe ich das nicht vergessen, das mit dem »Mickey Mouse Club«. Die Erinnerung verändert sich zwar, kehrt aber unaufhörlich wieder. Der »Mickey Mouse Club« ist für mich zum Club derjenigen geworden, die es im Leben zu etwas bringen und Spuren, Worte, Erinnerungen hinterlassen. Kinder, ein Buch, eine unvergessliche Liebe.

In meinem Gepäck befindet sich die einzige Erinne-

...ung, die Jérôme mir hinterlassen hat – die Druckfahnen eines Romans, der in zwei Wochen erscheinen wird und in den er sich wortwörtlich verliebt hat. Er wollte nicht glauben, dass ein gerade einmal zwanzigjähriger Bursche so etwas hat schreiben können. Er sagte, dass es so unglaublich hinterhältig sei. Ich weiß nicht einmal, ob ich den Mut haben werde, sie aufzuschlagen.

Erst einmal werde ich mich vorstellen müssen, ich werde mich in eine Gemeinschaft integrieren müssen, die sich bereits gefunden hat. Offenbar teilen sich Vincent und Hannah in einer Stadt am Meer eine Art kleines Schloss mit zwei weiteren Paaren. Ich vermute, dass sie am Abend gemeinsam grillen, Rosé trinken und Hits der Achtzigerjahre singen.

Genau so stellte ich mir mein späteres Leben vor, als ich klein war. Ich sah sie alle, meinen Vater, meine Mutter, meinen Onkel, meine Tante, ihre Ferienbekanntschaften, und ich sagte mir, dass ich auch gern einmal wie sie sein wolle. Ja. Genau. Sogar wie mein Vater wollte ich sein.

Ich erinnere mich, dass in einem Jahr während der Ferien an der Atlantikküste in den Landes eine merkwürdige Frau dort war, die auch mit meinen Eltern zu tun hatte. Wie hieß sie noch gleich? Es war ein seltsamer Vorname, hatte irgendetwas mit einem Comic zu tun ... Nein, er fällt mir nicht mehr ein. Sie war wirklich merkwürdig, die Frau. Sie war grell geschminkt und trug superkurze Röcke. Ich sehe sie noch genau vor mir, wie ein etwas vergilbtes Foto. Aber an ihren Namen kann ich mich einfach nicht erinnern.

Man munkelte, dass sie mit jedem ins Bett ging. Ich frage mich, ob sie auch mit meinem Vater ins Bett gegangen ist. Nein. Sicher nicht. Es war schließlich meine Mutter, mit der sie sich am besten verstand. Nun, vielleicht war es ja meine Mutter, mit der sie ins Bett ging.

Es muss auch in jenem Jahr gewesen sein, dass ich flüchtig Bekanntschaft mit diesem Jungen geschlossen hatte. Benoît.

Ein Junge, der, anders als ich, den »Mickey Mouse Club« besuchte. Wir wollten uns wieder treffen, aber dazu ist es nie gekommen, ich weiß nicht mehr, warum nicht.

Ich glaube, das war meine erste Liebe. Nein, meine erste Erektion. Das ist nicht das Gleiche.

Eines Tages werde ich einen Roman schreiben. Ich werde ihn diesem Benoît widmen, und er wird mir antworten, dass es auch für ihn eine magische Begegnung war. Wir werden uns sehen, wir werden am Strand entlanggehen, und im Sand wird dort geschrieben stehen »the end«. Es wird schön sein.

Jetzt sind es noch dreißig Kilometer bis zur Küste der Normandie. Ich werde mitten in einen Grillabend hineinplatzen.

Ach! Du kommst genau richtig, setz dich. Macht eurem Onkel Philippe ein bisschen Platz, ihr Zwillinge.

Lange Zeit gab es nur Capbreton. Als Jugendlicher fuhr ich irgendwann nicht mehr mit den Eltern in Urlaub. Menton, Hyères, Toulon, Italien, erste Abstecher ins Ausland. Eltern, die kein Verständnis haben. Es ist doch so schön hier in Frankreich.

Wie soll man ihnen das Gefühl der Freiheit und des Abenteuers beschreiben, das einen packt, sobald man die Grenze überschritten hat? Die Vorstellung, dass jetzt mit einem Mal einfach alles geschehen kann.

Als Aziz in der Diskothek in Le Lavandou zusammengeschlagen wurde, ja, im Grunde habe ich da beschlossen, nie wieder in Frankreich Ferien zu machen. Es ist zu trist, zu spießig.

Ich habe viel Zeit gebraucht, um diesen Grundsatz über den Haufen zu werfen.

Zeit und Kilometer. Myanmar, New York, Mexiko, Kalkutta, Tokio, Abidjan. Ich bin von überall wieder zurückgekommen. Lebendig. Und immer schwereloser.

Beinahe hätte ich Vincent in der Bretagne noch erreicht, als wir uns gerade getrennt hatten. Aber auf der Umgehungsstraße von Paris hatte ich eine Autopanne. Darin sah ich ein schlechtes Zeichen. Und ich hatte recht damit. Ich musste ihn sein Leben leben lassen. Ich musste es zulassen, dass er an einem Wendepunkt war und umschwenkte.

Ich habe mich in Paris verkrochen.

Ich hatte vergessen, wie sehr nachts am Steuer die Augen und Hände brennen. Ich hatte das Gefühl der Unabhängigkeit und Freiheit vergessen, das das Autofahren verleiht.

Natascha.

Genau. So hieß sie, die seltsame Frau in Capbreton Natascha.

Noch neun Kilometer bis Arromanches.

Irgendwann werde ich versuchen, alles zu erzählen.

Ich werde mich in ein Zimmer einschließen und von den Tagen am Strand erzählen.

Der Geruch der Ferienhäuser, wenn man die Tür zum ersten Mal öffnet. Und die Gedanken, die einen mit einem Schlag überfallen.

Dieses Haus wird mich nun zwei Wochen in sich auf nehmen.

Was wird es von mir zurückbehalten?

Auf den Fußböden der Ferienhäuser finden sich bestimmt noch winzige Partikel, die von mir stammen. Die sich dann wieder mit anderen vermischen. Und so weiter und so weiter, eine endlose Orgie.

Ah! Da ist es ja.

Und das ist sicher die Alte, von der Vincent mir erzählt hat.

Die Vermieterin.

Willkommen im Schloss.

Dokumente

Straßburg, den 17.09.2002

Sehr geehrter Monsieur Gromer,

Sie baten am 10. September 2002 um
die Einrichtung eines zweiten Telefon-
anschlusses.

Wir freuen uns, Ihnen nun mitteilen
zu können, dass wir am Montag, dem
21. September 2002, um 10.00 Uhr einen
Techniker der France Telecom zu Ihnen
schicken werden.

Mit freundlichen Grüßen

Ihre Kundenberaterin

Laure Veriniani

L'Est Éclair, 3. März 2003
Tödlicher Unfall in Saint-André-les-Vergers

Gestern gegen 18.30 Uhr kam es aus noch ungeklärter Ursache zu einem Zusammenstoß zwischen einem R25, gesteuert von dem sechzigjährigen Etienne Lejeune, einem in Troyes wohnhaften Rentner, und einem Renault Clio, an dessen Steuer der 39-jährige Julien Cami, ein Buchhalter aus Nanterre bei Paris, saß.

Monsieur Lejeune hat vermutlich aufgrund eines Schwächeanfalls genau in dem Augenblick die Kontrolle über seinen Wagen verloren, als Monsieur Cami vom Parkplatz des Supermarkts Carrefour zurück auf die Straße bog. Der Aufprall war so heftig, dass die Rettungskräfte aus Troyes mehr als zwei Stunden benötigten, um die beiden Personen aus den Trümmern zu befreien (siehe Foto). Monsieur Lejeune erlitt zahlreiche Quetschungen und einen Schädelbruch, befindet sich jedoch offenbar außer Lebensgefahr. Monsieur Cami hingegen wurde zwar noch ins Krankenhaus von Troyes gebracht, verstarb dort jedoch leider ein paar Stunden später.

Unter diesen schmerzlichen Umständen sieht sich diese Zeitung veranlasst, der Familie von Monsieur Cami ihr aufrichtiges Beileid auszusprechen.

Arromanches, den 5. Mai 2004

Lieber Monsieur Courtine,

ich teile Ihnen heute zu meinem großen Bedauern den Tod meiner Mutter Maud Procureur mit, die am 28. April dieses Jahres infolge eines Herzinfarkts verstorben ist.

Sie fragen sich jetzt sicher, was Sie damit zu tun haben, da Sie sie ja nicht kannten.

Ich habe jedoch bei der Durchsicht ihrer Sachen nach der Beerdigung und vor meiner Abreise nach Washington, wo ich lebe, einen Umschlag gefunden, auf dem stand: »Nach meinem Tod an Jean-Michel Courtine zu schicken« sowie Ihre Adresse.

Ich muss zugeben, dass mich die Neugier dazu trieb, zu lesen, was für Sie bestimmt war. Sie finden den Brief anbei. Ich hoffe, dass Sie mir mein Verhalten nicht übel nehmen.

Nach dieser Entdeckung habe ich beschlossen, meine Rückkehr nach Washington um ein paar Wochen zu verschieben. Ich hoffe, dass wir uns vor meinem Rückflug in die Vereinigten Staaten sehen können.

Bitte rufen Sie mich unter unten genannter Nummer an, um ein Treffen zu vereinbaren.

Mit freundlichen Grüßen

Tristan Procureur (022231622734)

Auszug aus der Reportage »Öffentliche Angelegenheiten«, Arte
24. Juni 2004

Gespräch zwischen Pascal Maître, ehemaliger Di
rektor des Crédit Financier, und Eva Courtine
Journalistin:

»Es ist mittlerweile über zehn Jahre her, dass Sie
das Gefängnis verlassen haben. Wie denken Sie heute
über das, was man gemeinhin ›die Wirtschaftskrise der
Neunzigerjahre‹ nennt?«
»Ich glaube, dass wir alle in einem System gefangen
waren. Ich habe immer stärker den Eindruck, dass ich
nur eine kleine Figur in einem Spiel war, das ich
nicht mehr überschauen konnte.«
»Bedauern Sie Ihr damaliges Verhalten?«
»Man kann nicht bedauern, was man unter gegebenen Um
ständen wieder tun würde.«
»Sie bedauern also nichts?«
»Das habe ich nicht gesagt.«
»Entschuldigen Sie bitte, ich kann Ihnen nicht fol
gen.«
»Sie müssen wissen, dass ich in jenen Jahren das Ver
trauen meiner Familie und meiner Frau verloren habe
Sie hat mich verlassen. Das bedauere ich.«
»Haben Sie Kinder?«
»Nein.«
»Bedauern Sie das auch?«
»Das ist nicht Thema unseres Gesprächs.«

Nachwort

Delphine hat mir über Facebook mitgeteilt, dass die Auflage von »Direkter Zugang zum Strand« aus dem Jahr 2003 demnächst vergriffen sein wird. Sie hat die Absicht, noch einmal 200 Exemplare drucken zu lassen, und fragte mich, ob ich bereit sei, ein Nachwort zu schreiben.

Ein Nachwort.

Ich verharrte eine Weile vor dem Bildschirm und genoss jenes seltene Gefühl einer glücklichen Nostalgie. Es ist ein seltsamer Zufall. Vor zehn Jahren beendete ich das Manuskript von »Direkter Zugang«. Ich lasse die Bilder des vergangenen Jahrzehnts an mir vorüberziehen – meine Töchter, die größer werden, meine Romane, die mehr werden, meine Schüler, die Jahr für Jahr das gleiche Alter haben – und die neuesten Errungenschaften der Technik.

Vor zehn Jahren gab es das alles nicht. Kein Facebook, kein Twitter, keine SMS. Klar, das Internet existierte bereits, aber wir nutzten es nicht jeden Tag. Wir riefen uns auf dem Festnetz an und manchmal von hässlichen gelben Handys, die Walkie-Talkies ähnelten. Aber wer erinnert sich noch an Walkie-Talkies? Briefe schrieben wir uns mit der Post.

Und mit der Post hat auch alles angefangen.

Ich habe »Direkter Zugang« an zahlreiche Verlagshäuser geschickt, die meinen Text allesamt ablehnten – manchmal immerhin mit ein paar ermunternden Worten. Als die letzte Antwort kam, habe ich sie in den Müll geworfen. Zum ersten Mal – bei mir zu Hause liegen 256 Ablehnungsschreiben, die ich zwischen 1983 und 2001 sorgsam abgeheftet habe.

Es verging ein Jahr, und danach noch einmal sechs Monate. Ich begann, andere Geschichten zu schreiben, und dann hörte ich ganz damit auf. Ich sagte mir, dass der Zeitpunkt zum Aufhören gekommen sei. Meine ältere Tochter war vier Jahre alt, meine Frau war schwanger mit unserer zweiten Tochter und hatte ihre Lehrerausbildung wieder aufgenommen. Ich hatte alle Hände voll zu tun. Aber die Wunde des Schreibens wollte sich einfach nicht schließen. Als ich eines Tages den Speicher aufräumte, fiel mir das Manuskript von »Direkter Zugang« erneut in die Hände, und ich habe es, so erstaunlich das klingen mag, noch einmal gelesen. Zum ersten Mal sagte ich mir nicht: »Oje, das ist wirklich schlecht«, sondern ich dachte: »Ja, das ist wirklich schade.« Ich las gerade einen Band mit Erzählungen von Eric Holder, einem Schriftsteller, den ich ganz besonders gern mag. Er ist neben Patrick Modiano einer der wenigen, deren Schaffen ich als treuer Anhänger verfolge. Ich fand, dass es zwischen unseren

Schreibweisen eine Verwandtschaft gab – wohl wissend, dass dies von meiner Seite aus reichlich vermessen klang. Als ich nun vom Speicher herunterkam, schrieb ich ihm einfach einen Brief und legte das Manuskript bei. Ich war sicher, dass es nie in seine Hände gelangen würde oder, wenn dies zufälligerweise doch der Fall wäre, es im Papierkorb landen würde. Aber nun gut. Lieber wollte ich ein schlechtes Gewissen wegen meiner Dreistigkeit haben, als einer verpassten Chance nachtrauern.

Drei Tage später rief Holder an. Meine Frau nahm das Gespräch entgegen. Ich war in der Schule. In der kleinen Pause erhielt ich die Nachricht, dass ich ihn zurückrufen solle.

Holder erklärte mir, dass seine Lebensgefährtin und er »Direkter Zugang« gelesen hatten. Er lobte den Text in höchsten Tönen. Ich war ganz durcheinander. Dann gab er mir Delphine, die einen kleinen Verlag leitete. So trat sie in mein Leben. Das war im Jahr 2002. Ein paar Tage später wurde meine jüngere Tochter geboren, und mein Schwiegervater verstarb. Das Jahr 2002 kommt mir rückblickend vor wie der Schleudergang einer Waschmaschine. Ein Jahr später erschien »Direkter Zugang«. Wieder war ich überzeugt, dass nichts geschehen würde. Ich verstehe noch immer nicht genau, wie alles so schnell aufeinanderfolgen konnte. Ich weiß nur, dass ich mit einem Mal da war – auf den Tischen in den Buchläden, in den Bibliotheken, im Radio. Und vor allem, dass auch sie da waren – Philippe Avril, Sabrina Lejeune, Julien Cami und die anderen waren auch da. Sie traten in das Leben von Leuten, die ich nicht kannte. Und bisweilen hinterließen sie Spuren.

Schreiben heißt Briefe schreiben. Briefe an Menschen, damit sie uns nicht einsam und allein zurücklassen. Briefe an diejenigen, die nicht mehr da sind, und an diejenigen, die uns zur Seite stehen. Schüchterne Freundschaftsbekundungen und glühende Liebesbekenntnisse. Briefe an uns selbst und Briefe an die ganze Welt. Alles ist immer eine Geschichte von Briefen.

Und nun haben wir März 2010 – noch heute staune ich über dieses Datum. Als ich klein war, dachte ich, dass im Jahr 2000 das Ende der Welt bevorstehe und es darauffolgende Jahre nicht geben werde.

Mich erstaunt außerdem, dass ich heute Abend diese Zeilen schreibe, dass seither acht Romane und dazu drei weitere Jugendbücher entstanden sind, dass ich mittlerweile den Schriftstellern begegnet bin, die ich gerne lese, dass meine früheren Schüler Neues über mich aus meinen Büchern erfahren, dass meine Töchter bald alt genug sein werden, um diese zu entdecken – und dass ich noch am Leben bin.

Wenn ich einen bestimmten Tag aus den vergangenen acht Jahren hervorheben soll, so wäre das jener Samstag im Juli 2004: Ich hatte beschlossen, zum ersten Mal seit meiner Jugend wieder in die Landes zu fahren, nach Capbreton. Ich hatte für mich, meine Frau und meine Töchter eine Wohnung dort gemietet. Der Badeort hatte sich verändert – aber nicht so sehr, wie ich befürchtet hatte. Die Häuser, die Plätze, der Hafen, die Mole, die Strandpromenade. Auch die Gerüche waren die gleichen geblieben. Und der Ozean. Wir schlenderten unter den Arkaden entlang. Ich entdeckte den kleinen Buch- und Zeitschriftenladen aus meiner Kindheit, wo ich meine Agatha-Christie-Bücher und *Spirou*-Bände kaufte. Auch er hatte sich nicht verändert. Mit einem Lächeln auf den Lippen trat ich näher. Und dort, im Schaufenster, lag ein ganzer Stapel von »Direkter Zugang« – in der Erstausgabe und auch als Taschenbuch. Ein Zittern durchfuhr mich. Ich ging hinein. Ich nahm ein Exemplar in die Hand.

Ich wollte mich dem Buchhändler vorstellen, konnte mich aber nicht dazu durchringen.

Er bediente eine andere Kundin, warf aber einen Blick zu mir herüber. Er lächelte, als er den Buchdeckel des Romans sah, den ich in Händen hielt. Er fragte: »Haben Sie den gelesen?« Ich stammelte ein verlegenes »Nein«. Da fügte er hinzu: »Das ist wirklich ein sehr gutes Buch. Sie sollten es mitnehmen. Und ich verrate Ihnen noch etwas. Der Anfang spielt hier, in Capbreton.«

Zum ersten und einzigen Mal in meinem Leben habe ich einen meiner eigenen Romane gekauft. Dann verließ ich etwas überstürzt den Laden. Ich holte meine Frau und meine Töchter wieder ein. Tränen traten mir in die Augen, ohne dass ich sie zurückhalten konnte. Ich dachte an meine Eltern, meinen Bruder, meine Cousins, meine

Kinder, an alles, was noch kommen würde. Und ich wusste, dass es mir – ganz gleich, was geschehen mochte – gelungen war, aus meinem Leben etwas Kohärentes zu machen.

Eine solche Kohärenz ist ein unschätzbares Geschenk. Und dieses Geschenk verdanke ich Delphine.

Sainte-Savine, 14. März 2010

Oona O'Neill und J.D. Salinger – ein Roman über die erste Liebe des Kultautors

Frédéric Beigbeder

Oona und Salinger

Roman

Aus dem Französischen von
Tobias Scheffel
Piper, 304 Seiten
€ 19,99 [D], € 20,60 [A], sFr 28,90 *
ISBN 978-3-492-05415-7

Als der junge J.D. Salinger in einem verrauchten Nachtclub, im New York der 40er Jahre, Oona O'Neill begegnet, ist sie fünfzehn Jahre alt – und die schönste Frau, die er jemals gesehen hat. Nur einen Sommer dauert ihre Liebesgeschichte, bis der Zweite Weltkrieg ihr ein Ende setzt. Jerry aber wird Oona nie vergessen – war sie gar die Inspiration für seinen Welterfolg »Der Fänger im Roggen«? Unverstellt, geistreich und selbstironisch schreibt Frédéric Beigbeder über die erste Liebe des Kultautors und über die magische Anziehungskraft der Jugend.

Leseproben, E-Books und mehr unter www.piper.de

Wer bist du, wenn du das Leben einer anderen lebst?

Thommie Bayer

Weißer Zug nach Süden

Roman

Piper, 144 Seiten
€ 16,99 [D], € 17,50 [A], sFr 24,50*
ISBN 978-3-492-05610-6

Die junge Italienerin Chiara schlüpft in das Leben ihrer Freundin Leonie und begegnet dabei einem Mann, der auf faszinierende Weise ihre Gedanken zu lesen scheint. "Weißer Zug nach Süden" erzählt von dem geborgten Leben einer ganz besonderen Frau und ist zugleich ein raffinierter kurzer Roman über die Unergründlichkeit menschlicher Inspiration.

Es gibt Tage, die verändern das ganze Leben.

Hier reinlesen!

Toni Jordan
Neun Tage
Roman

Aus dem australischen
Englisch von Ulrike Wasel und
Klaus Timmermann
Piper, 272 Seiten
€ 19,99 [D], € 20,60 [A], sFr 28,90*
ISBN 978-3-492-05596-3

An einem heißen Sommerabend trifft Kip die bezaubernde Annabel, eigentlich die Tanzpartnerin seines Bruders, doch an diesem Tag verlieben sie sich. Als er fünfzig Jahre später erfährt, dass seine Tochter Charlotte schwanger ist, weckt das in ihm Erinnerungen an einen anderen folgenreichen Tag im Leben seiner Familie: den Tod seiner geliebten Schwester. Ein unsichtbarer Faden verbindet ihr Schicksal mit dem von Charlotte, ein Faden, der erst im Geflecht der ganzen Familiengeschichte sichtbar wird.

PIPER

Leseproben, E-Books und mehr unter **www.piper.de**